门萨视觉谜题
MENSA VISUAL BRAINTEASERS

【英】约翰·布莱纳　著　孙然 丁大刚　译

华东师范大学出版社

图书在版编目（CIP）数据

门萨视觉谜题／（英）布莱纳著；孙然，丁大刚译.
—修订本. —上海：华东师范大学出版社，2015. 12
（门萨智力大师）
ISBN 978-7-5675-4516-8

Ⅰ. ①门… Ⅱ. ①布… ②孙… ③丁… Ⅲ. ①智力测
验 Ⅳ. ①G449. 4

中国版本图书馆 CIP 数据核字 (2016) 第 004645 号

上海市版权局著作权合同登记 图字：09-2012-684 号

门萨智力大师系列
门萨视觉谜题

著　　者	[英]约翰·布莱纳
译　　者	孙　然　丁大刚
项目编辑	陈　斌　许　静
审读编辑	王　帅
特约编辑	周　洁
装帧设计	李　佳

出版发行	华东师范大学出版社
社　　址	上海市中山北路 3663 号　邮编 200062
网　　址	www. ecnupress. com. cn
电　　话	021-60821666　行政传真 021-62572105
客服电话	021-62865537　门市（邮购）电话 021-62869887
门市地址	上海市中山北路 3663 号华东师范大学校内先锋路口
网　　店	http://hdsdcbs. tmall. com/

印　刷　者	宁波市大港印务有限公司
开　　本	890×1240　32 开
印　　张	6.5
字　　数	163 千字
版　　次	2016 年 5 月第 2 版
印　　次	2021 年 7 月第 6 次
书　　号	ISBN 978-7-5675-4516-8/G·8922
定　　价	35.00 元

出版人　王　焰

MENSA 门萨高智商俱乐部

门萨(MENSA)的组织成员有一个共同特征：智商在全世界排名前2%。单在美国，共有超过5万名的门萨成员认识到了他们的出众才智，但还有450万人对自己的潜能一无所知。

如果您喜欢智力测试，可以在这套"门萨智力大师系列"中找到很多很好的训练题。相信您最终会成为2%中的一位，或许您会发现自己已是其中一名。

您是一个爱交往的人吗？或者是否想结识与您志趣相投的人？如果是的话，请加入到门萨的智力训练和讨论中来吧。在门萨俱乐部几乎每天都会有新鲜话题，所以您有的是机会和别人交流，结交新的朋友。不管您的爱好如猜字谜般寻常还是似古埃及学般玄秘，在门萨的特殊兴趣群体中您总能找到志同道合的伙伴。

快来挑战自己吧!看看您到底有多聪明！我们始终欢迎新成员携他们的新思路融入到我们的高智商群体中。

门萨国际部地址：

Mensa International

15 The Ivories, 628 Northampton Street

London N1 2NY, England

序言
Preface ————————————————————

　　视觉谜题对世界各地的谜题爱好者有着非同寻常的意义。与字谜和数学谜题不同，视觉谜题的解决与一个人的受教育程度无关，而是以最可能直接的方式测试你天生的智慧。无独有偶，心理学家在对智商进行评估时，极大地依靠所谓的"非语言推理能力"。因为他们发现，对于那些知识型的谜题，有些人会处于不利的地位，但在解决视觉谜题时，这些人有了任意畅想的空间，会表现得出类拔萃。

　　视觉谜题的解题过程充满了乐趣。解题依靠的是顿悟。在你还没有从逻辑的角度推断出其原因时，你就已经解决了问题。这种潜能是非常宝贵的，同时，又是可以通过训练不断提高的。当然，随着谜题逻辑性的增强，你还需要进行大量的逻辑思考。尽管如此，解题时习惯于先产生灵感，你会惊奇地发现你往往是正确的。

R. P. Allen

罗伯特·艾伦

目
录

Contents

1. 请用 3 条直线把下图分为 6 个部分，且分割后每个部分都有 1
个钟、2 只兔子和 3 个闪电图形。

2.

这是一幅由 4 组结构相同的积木沿顺时针方向旋转而构成的图形。请问图形中共有多少块积木?

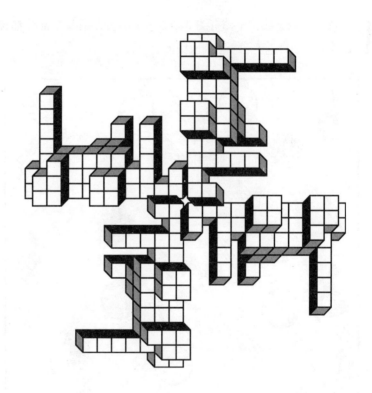

答案编号 32

3.

请在下列蝴蝶图形中挑出图案相同的 2 只。

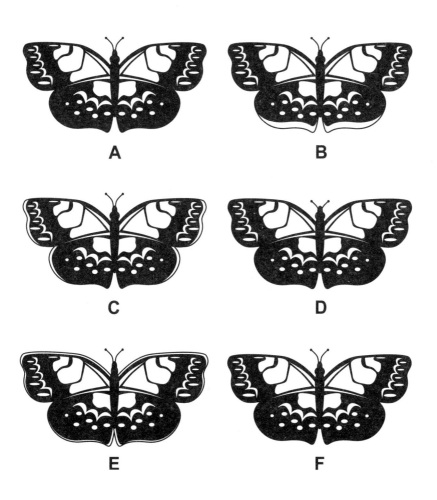

4.

请问下列图形中哪一个与众不同?

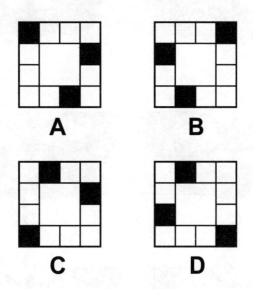

5.

请问哪一个选项可以嵌入下图空白处?

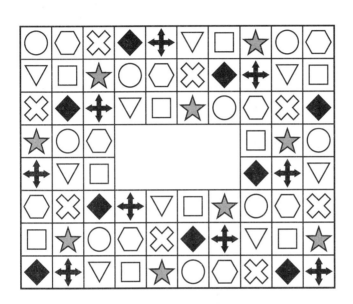

A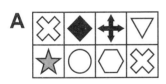

B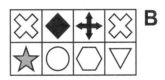

D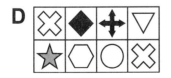

C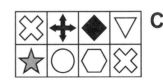

答案编号 **97**

6.

请问下列图形中哪一个与众不同？

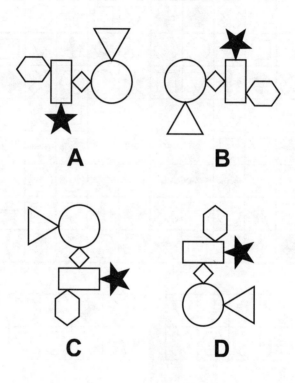

A

B

C

D

7.

请问下列企鹅图形中哪一个与众不同?

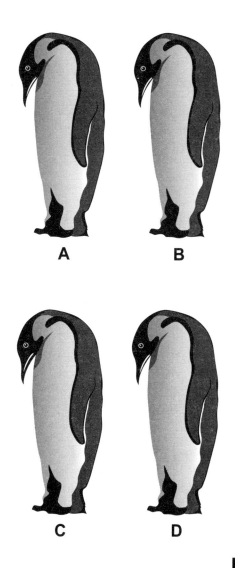

A   B

C   D

答案编号 141

8.

完成下列类比：

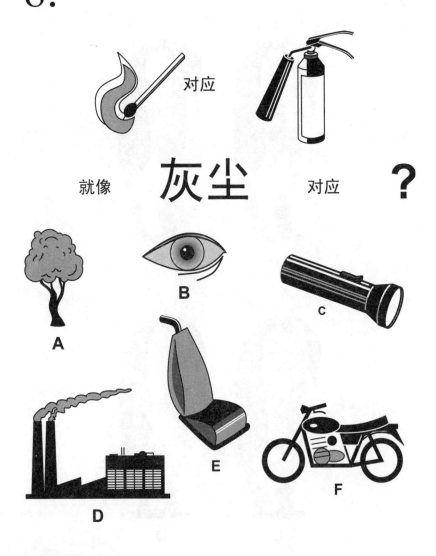

对应

就像 **灰尘** 对应 **?**

9.

请问下列图形中哪一个与众不同?

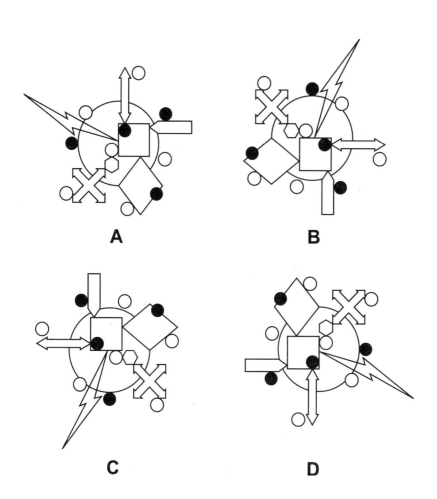

A

B

C

D

10.

请问下列图案中间缺失部分有多少块是带有黑色圆点的瓷砖?

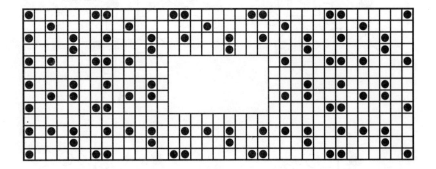

11.

按照下列齿轮装置，如果按图中黑色箭头所示的方向拉动，齿轮下的重物将上升还是下降？

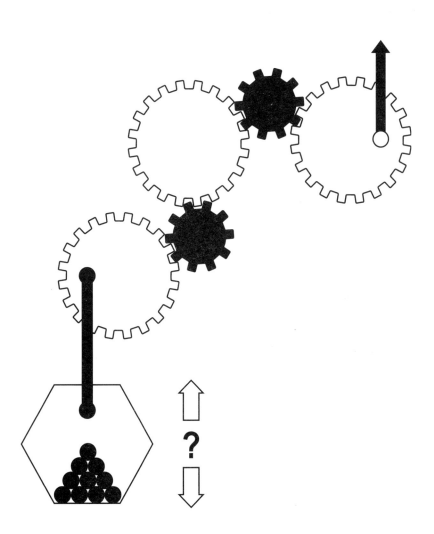

答案编号 108

12.

请问哪两只小鸟图案相同?

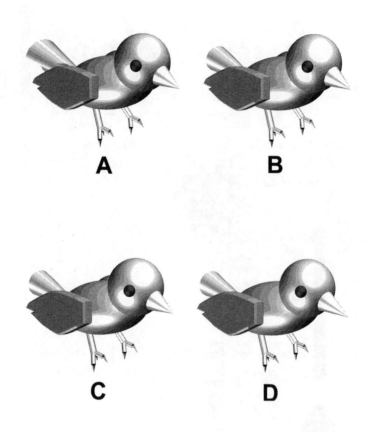

A   B

C   D

13.

老花匠林肯去世后为每个孙子留下了 19 块玫瑰花地。但是他的孙子们互相仇视，因此他们决定把各自的玫瑰花地用篱笆围起来 (如图所示，Agnes(A)、Billy(B)、Catriona(C)、Derek(D))。请问谁将修筑最长的篱笆?

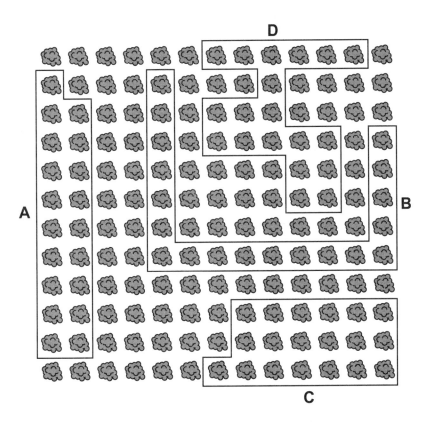

14.

请在下列 4 幅蜘蛛结网图形中找出相同的两对。

A   B

C   D

答案编号 43

15.

请问下列图形中哪一个与众不同？

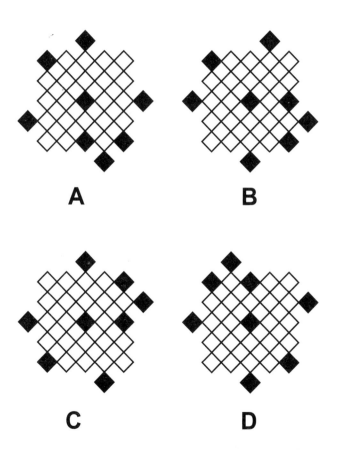

A   B

C   D

答案编号 22

16.

请找出图形 B 与图形 A 的 10 处不同点。

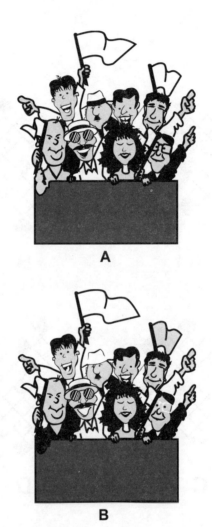

A

B

17.

请用不超过 4 种色彩，给下列美国中西部地图中各地区涂上阴影，并保证毗邻的两个地区颜色不同。

答案编号 **12**

18.

请问下列图形中哪一个与众不同?

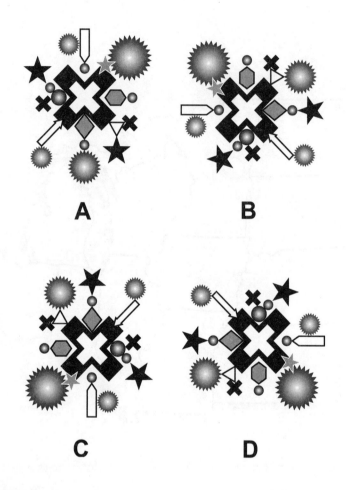

A

B

C

D

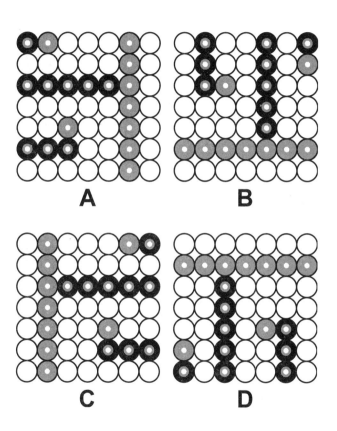

19.

请问下列图形中哪一个与众不同？

A

B

C

D

答案编号 54

20.

请问下列图形中墙体缺多少块砖?

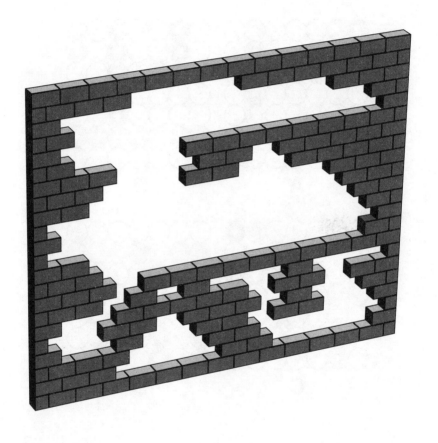

21.

请问下列图形中哪一个与众不同？

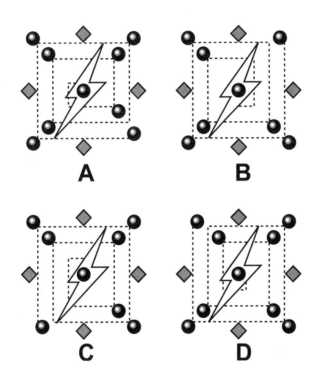

A

B

C

D

22.

问号处应该放入下列 A、B、C、D 4 个选项中的哪一个?

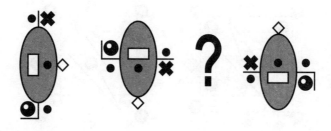

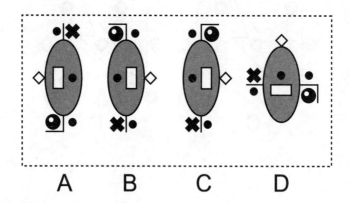

A　　　B　　　C　　　D

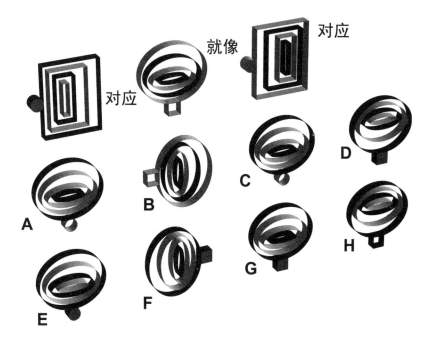

23.

请完成下列类比:

24.

请问下列图形中哪一个与众不同?

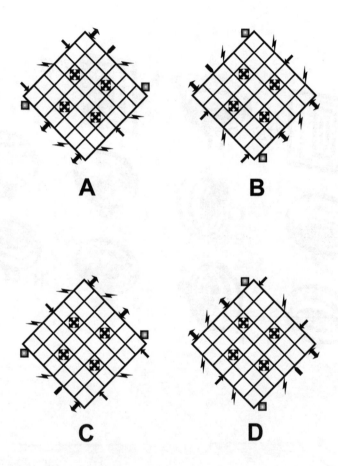

25.

下面是一个图形组合，其中有 1 个图形有误。请问是哪一个？

A   B

C   D

E   F

26.

请从A、B、C、D、E、F 6个选项中挑出一项放在问号处，完成下列加法。

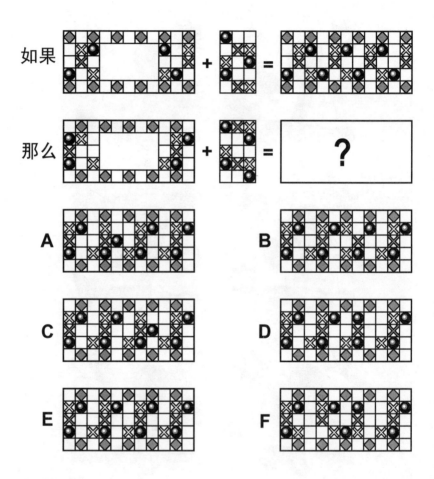

27.

请问 A、B、C、D 4 块瓷砖哪一块适合放在问号处？上部正方形和底部正方形可以独立移动。

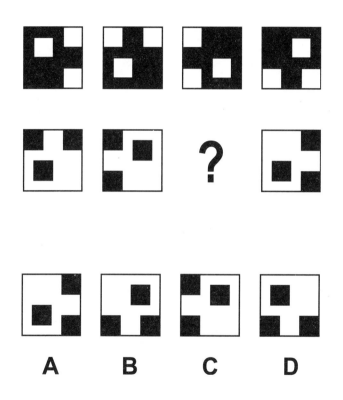

28.

完成下列类比：

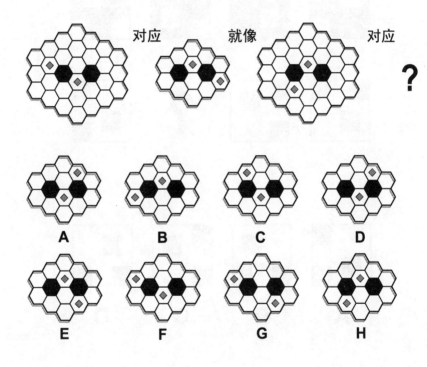

29.

请找出图形 B 与图形 A 的 8 处不同点。

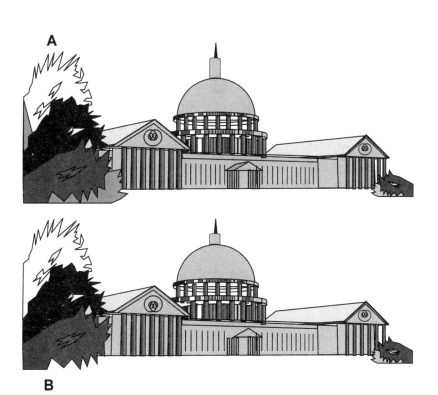

30.

请在下列 A、B、C、D、E 5 个选项中找出与其他 3 项不协调的 2 项。

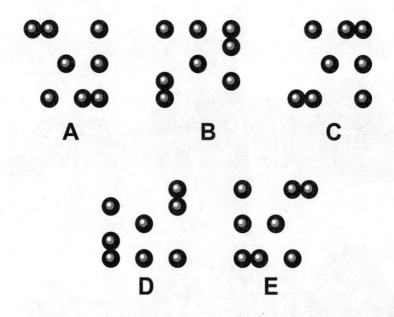

31.

该天平处于平衡状态。已知黑色积木和浅色积木重量相等。

请问如果在黑色积木上再添加 3 块积木的话，那么，在什么位置上添加 2 块浅色积木才能保持天平平衡？

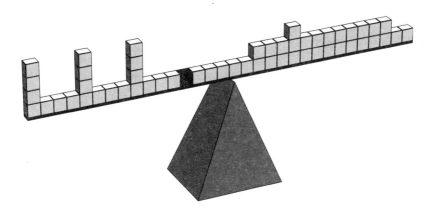

32.

请问下列图形中哪一个与众不同?

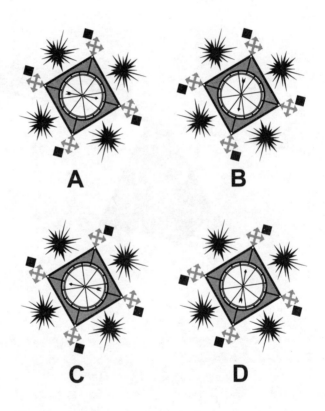

A

B

C

D

33.

找出下列图形中仅有的 2 只图案相同的蝴蝶。

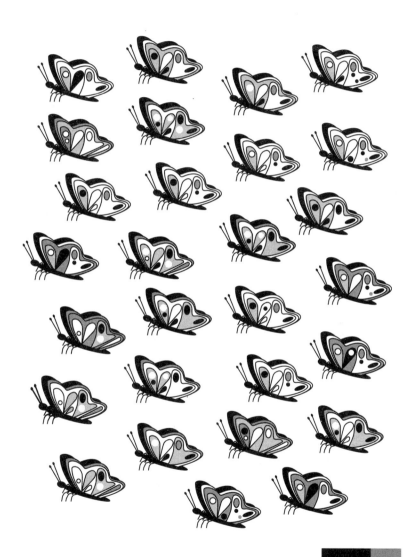

34.

请问按照下列图案顺序，问号处应该填入 A 到 H 8 个选项中的哪一项？

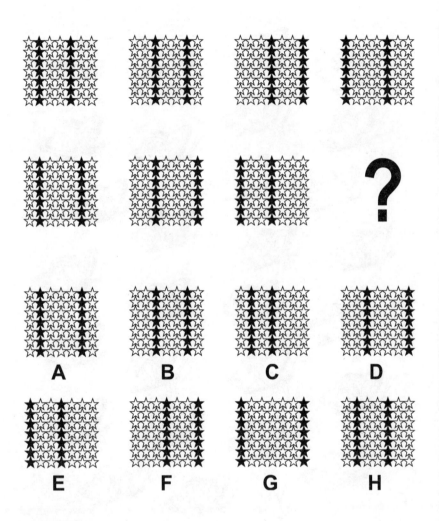

35.

数数看共有多少只袋鼠?

答案编号 55

36. 请完成下列类比：

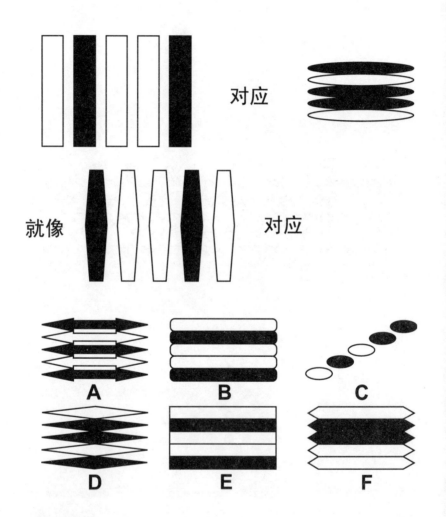

37.

请在下列 A、B、C、D、E 5 个选项中找出与其他 3 项不协调的 2 个图案。

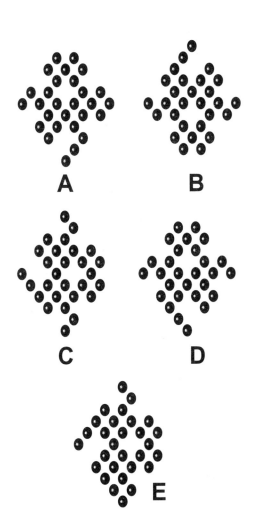

38.

下列图形中哪一个可以延续这个序列？

A

B

C

D

39.

按照以下序列, 问号处应该填入哪一个选项?

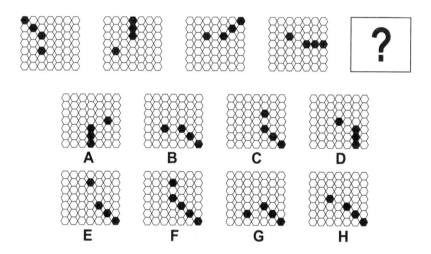

40.

如果按照图中指示方向转动 A 点的轮子，重物首先会上升还是下降？

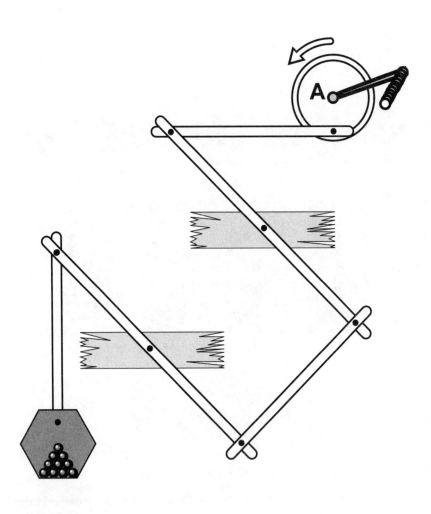

答案编号 **164**

41.

如果一块砖头从一个没有大气的星体上的悬崖上坠落，与此同时，一门大炮平行于地面射出一枚炮弹；那么：

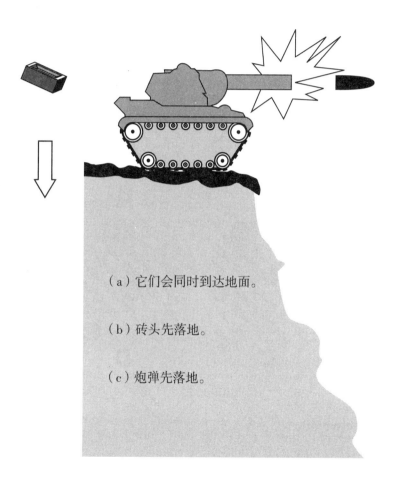

（a）它们会同时到达地面。

（b）砖头先落地。

（c）炮弹先落地。

答案编号 **154**

42. 下列图形中哪一个与众不同?

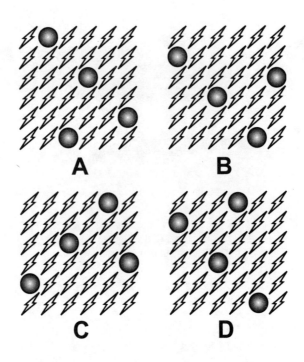

43.

黑点代表交结点。如果 A 点和 B 点靠拢，那么 C 点和 D 点会靠拢还是分离？

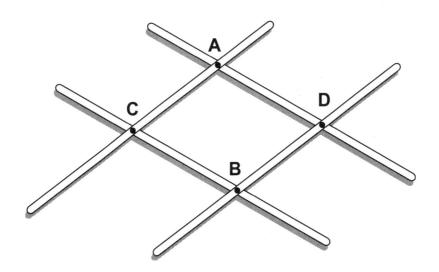

答案编号 **110**

44.

下列图形中哪一个与众不同?

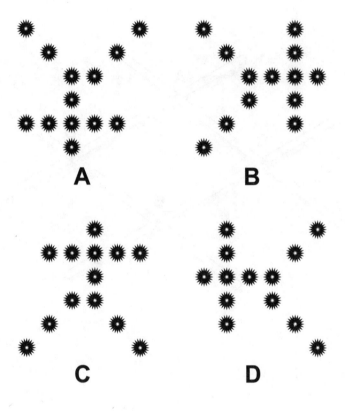

A

B

C

D

45.

下列图形中哪一个与众不同?

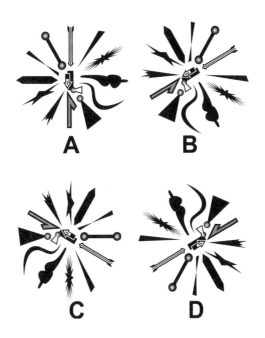

46.

用 4 条直线将该拼图分为 7 个部分，且分割后每个部分都有 3 个角锥体和 7 个球体。直线的两端可以不必连于拼图的边缘线上。

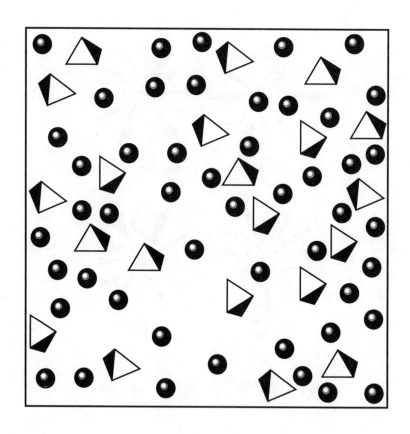

47.

下列 A、B、C、D 4 个选项中哪一个可以放在图形中央，使得图案完整？

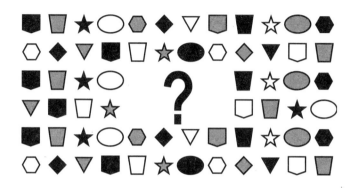

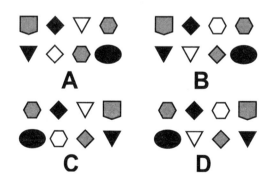

48.

试将下列图形分成图案相同的 3 对。

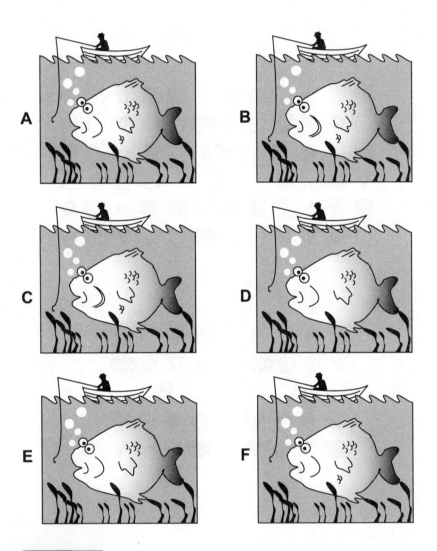

答案编号 3

49.

下列图形中哪一个与众不同?

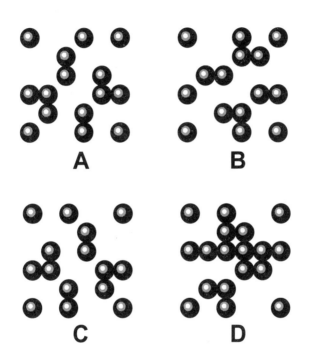

50.

你能在该线路图中找出 8 处十字交叉处吗？注意是十字交叉而不是立体交叉。

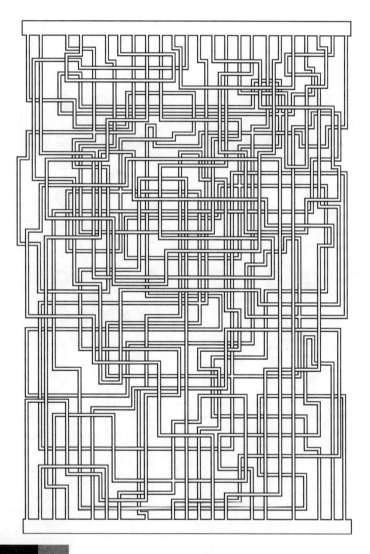

51.

这是一道多位数的乘法算术题，而且已经计算出了结果。已知每个图案代表从 0 到 9 的一个数字，且相同的图案总代表同一个数字。在此条件下，问号处可以填入哪一个图案？

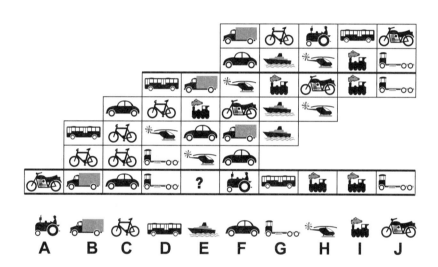

52.

下列图形中哪一个与众不同？

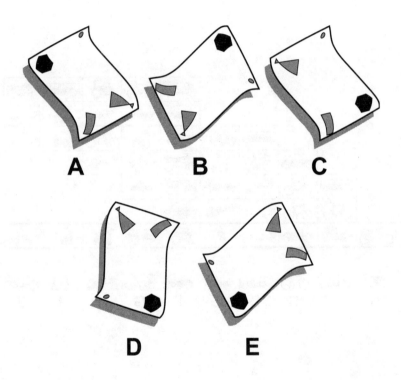

A   B   C

D   E

53.

下列序列中问号处应该填入 A、B、C、D、E 选项中的哪一个?

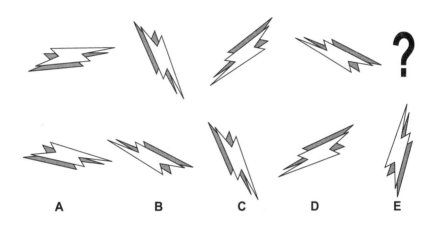

54.

请完成下列类比。

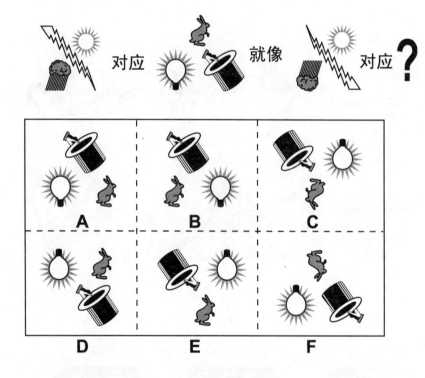

55.

该角锥体打开后是下列图形中的哪一个？

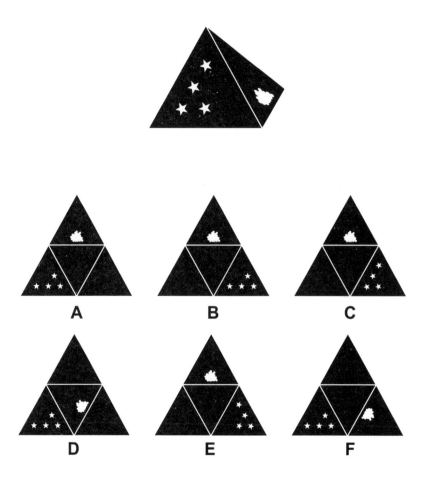

56.

下列选项中哪 2 个选项相同，且与其他 8 个选项不一致?

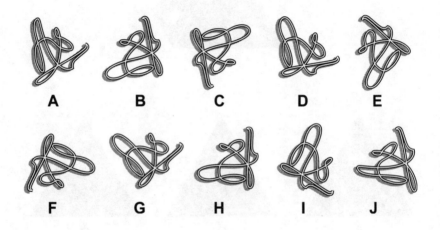

A B C D E

F G H I J

57.

在下面的由滑轮和牵引杆组成的控制系统中，黑圆点为固定的支点，黑正方形为可以活动的连接点。如果按照图形所示的方式推牵引杆，那么重物会上升还是下降？

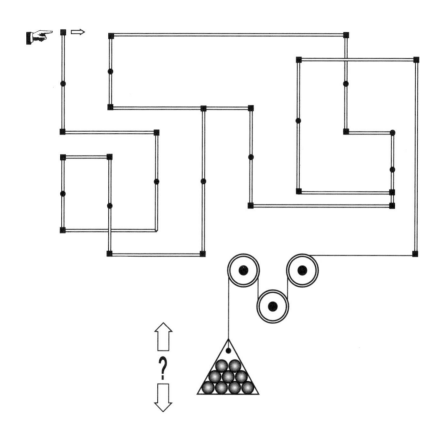

58.

下列图形中哪一个与众不同？

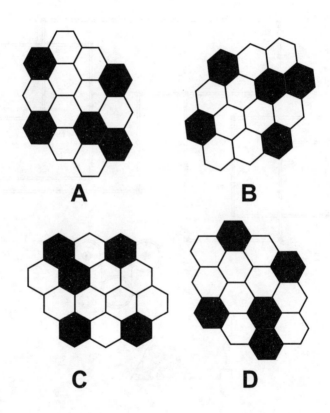

59.

请根据已知信息，求出问号处的合计总数，以及各个图形所代表的数值?

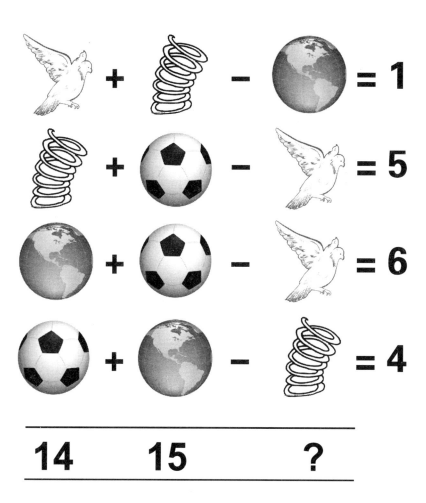

60.

下列图形中哪一个与众不同?

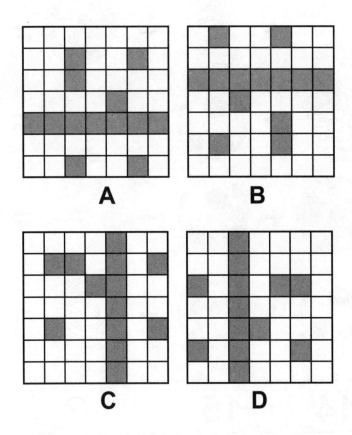

A   **B**

C   **D**

答案编号 **89**

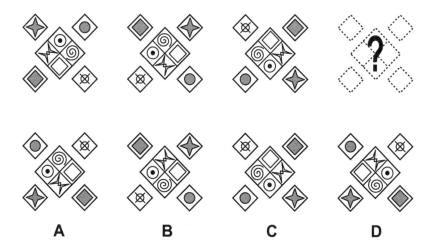

61.

这个序列中下一个图形是哪一个?

A   B   C   D

62.

下列图案中哪一个或哪几个与方框中的图案相同?

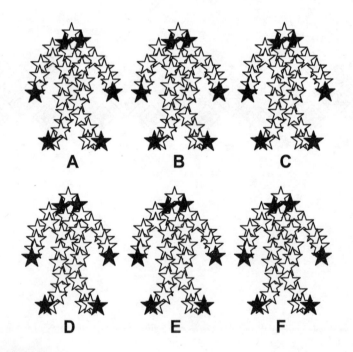

63.

请完成下列类比：

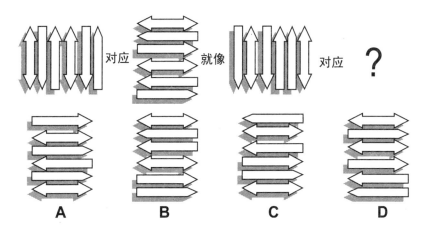

A   B   C   D

64.

下列哪两个选项的图案折叠后与中间盒子的图案吻合?

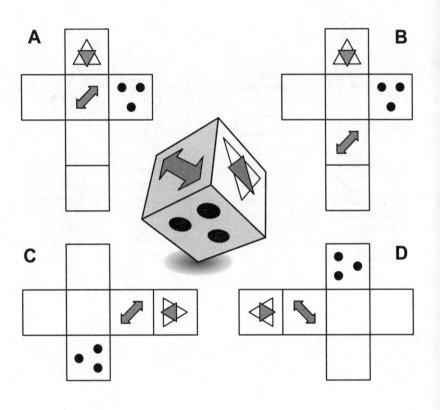

65.

下列图形中哪一个与众不同?

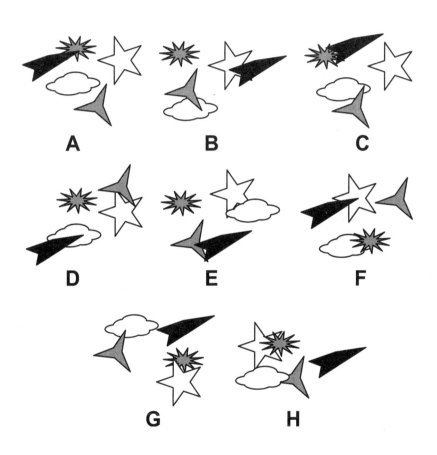

66.

请标出图形 B 与图形 A 的 9 处不同点。

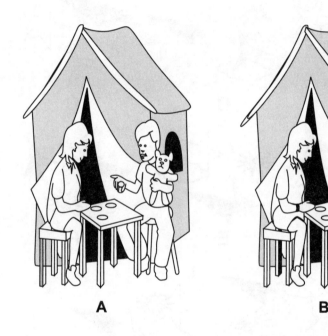

A   B

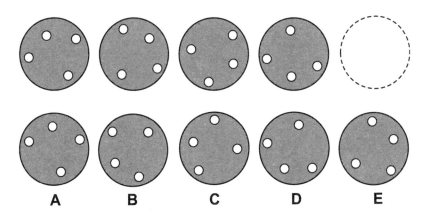

67.

该序列中下一个图形是哪一个?

A **B** **C** **D** **E**

68.

用3条直线把拼图分成4个部分。分割后各部分蛇、鼓和云的图案数量相同，且4个部分3种图案的数量分别是4、5、6、7。直线的两端可以不必连于拼图的边缘线上。

69.

熊、马、鱼和鸟代表不同的数值，而每一个相同的动物图案所代表的数值相同。请问，A、B、C、D、E、F中哪一个选项是问号上方一列数值的总和？ 4种动物所代表的最小数值可能各是多少？

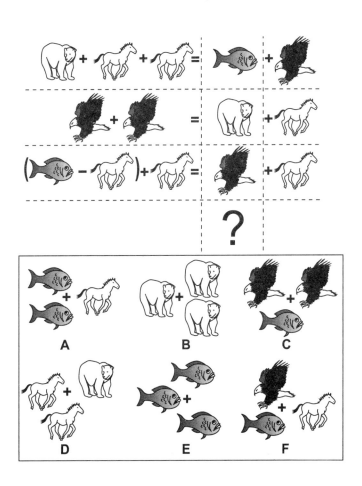

70.

现在你是一名护林员，在这次探险中你要搜寻到尽可能多的响尾蛇，同时又不会被其他动物伤害。图中有熊和野猫标志的区域意味着这些标志紧邻的区域是熊或野猫的辖区，但你无从得知究竟哪一个区域会是它们的辖区。所以，你既不能直接穿越有标志的区域，也不能走其紧邻的区域。同时，路线不能重复。探险的起点为图中阴影部分，终点是右上角处面向左侧的响尾蛇。

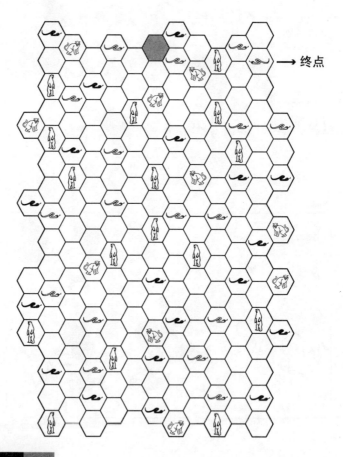

71.

下列图形中哪一个与众不同?

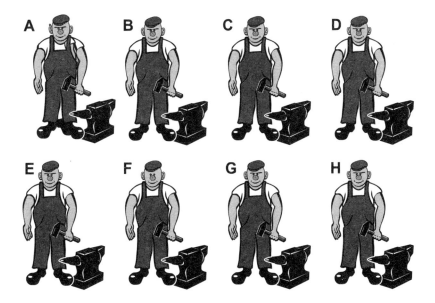

72.

下列哪一根线可以带领你从外围通向中间的钻石?

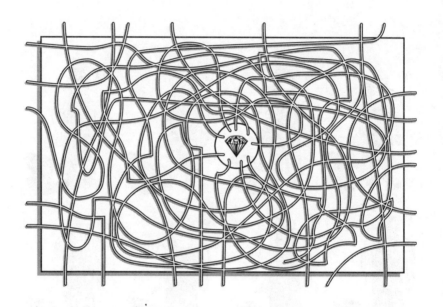

答案编号 172

73.

下列图形中哪一个与众不同?

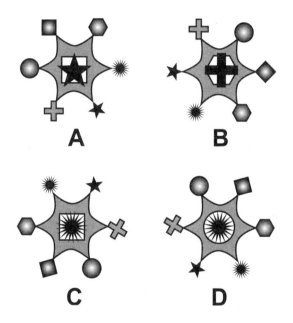

A

B

C

D

74.

下面图形序列中缺失的是哪个图形?

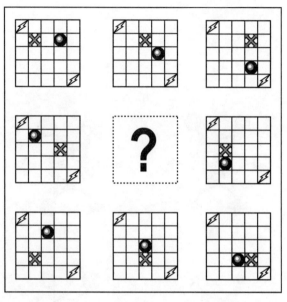

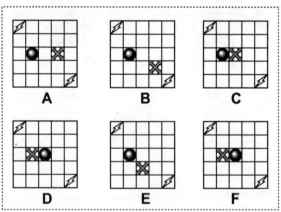

75.

下列哪一个图形可以延续这个序列？

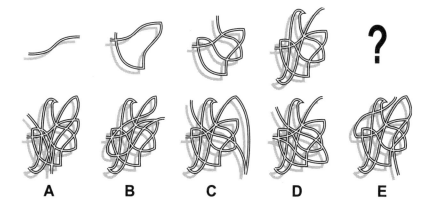

A   B   C   D   E

76.

哪一个展开的图形与中间的立方体展开后的图形相吻合？

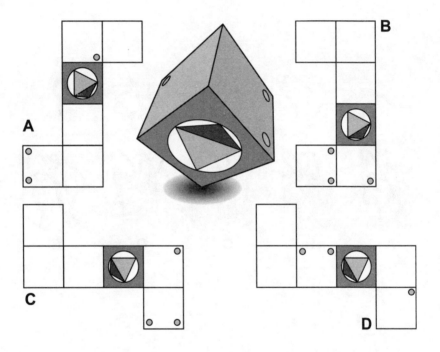

77.

下列哪一组与其他 3 组不一致?

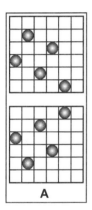
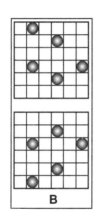
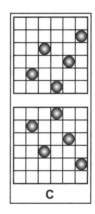
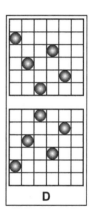

A　　　　　B　　　　　C　　　　　D

78.

这个序列中下一个图形是哪一个？

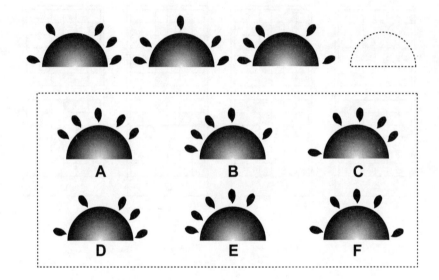

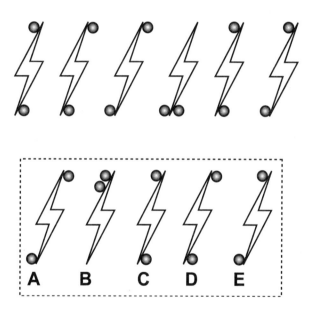

79.

这个序列中下一个图形是哪一个?

A　B　C　D　E

80.

下列图形中哪一个与众不同?

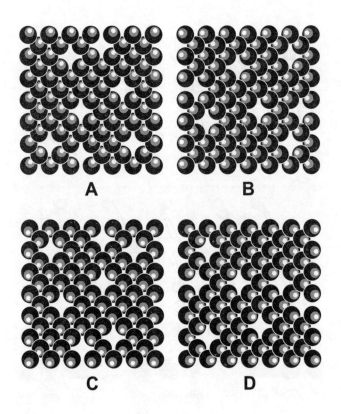

81.

哪一个图形可以填入问号处，使得图案序列完整？

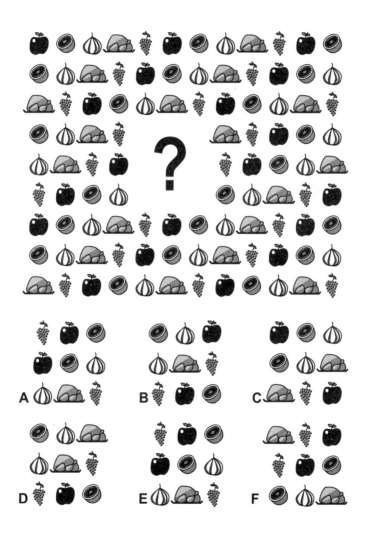

82.

下列图形中哪一个与众不同?

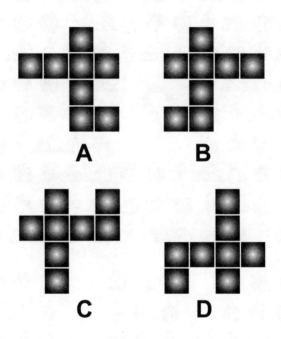

83.

下列哪一组图形可以填入问号处，使得图案序列完整？

84.

问号处应该是下列哪一个选项?

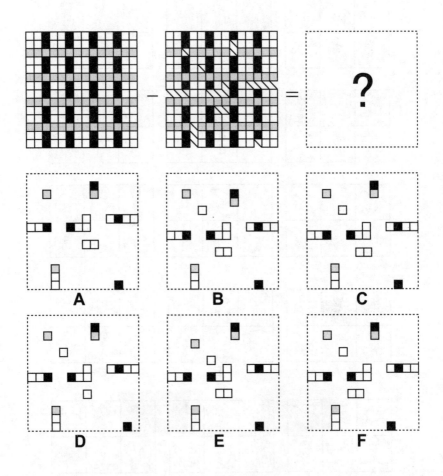

85.

下列图形中哪一个与众不同?

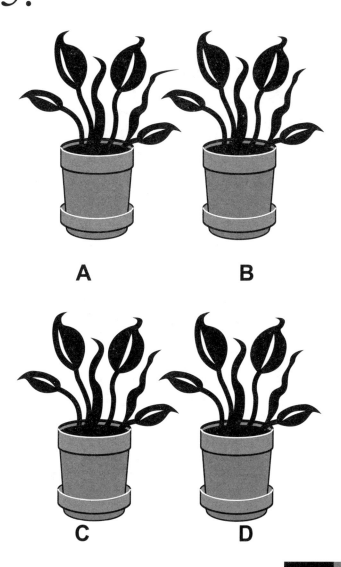

A

B

C

D

答案编号 124

86.

这个序列中下一个图形是哪一个?

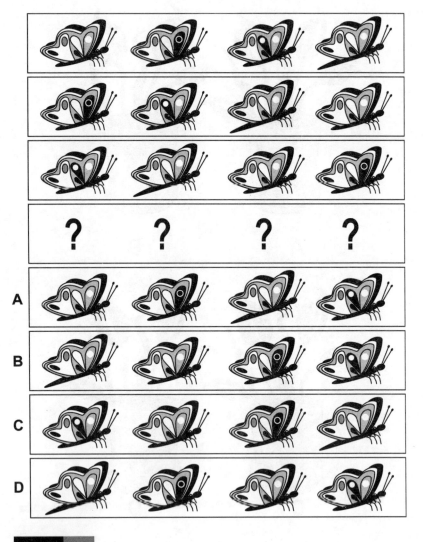

87.

下面是由杠杆和滑轮组成的控制系统。标十字的节点可以活动，黑色圆点是固定的支点。 请问，如果按图中所示方向推动杠杆，A、B 重物会上升还是下降？

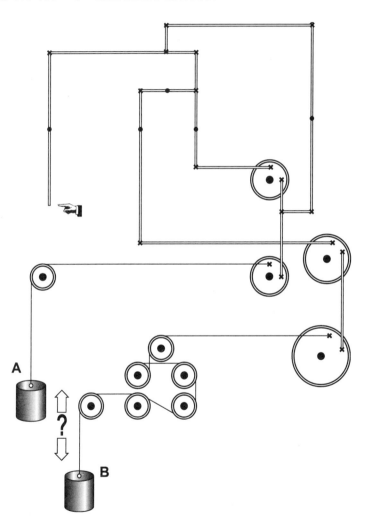

88.

下列图形中哪一个与众不同?

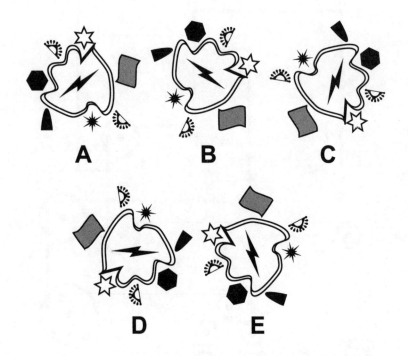

89.

用 3 条直线将该拼图分为 6 个部分。分割后每个部分都有 1 条鱼和 1 面旗，而鼓和闪电的数量分别为 0、1、2、3、4、5。直线的两端可以不必连于图片的边缘线上。

90.

下列算式中的图案代表数字 0 到 9。相同的图案代表同一数字。请问，问号处应该填入哪一个图案？

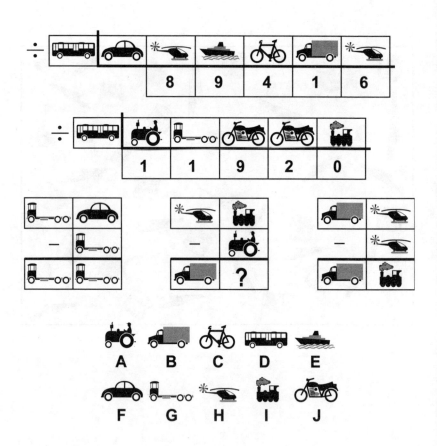

91.

按照这个序列，问号处应该是哪一个选项?

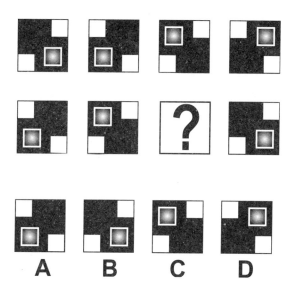

92.

在下列装置中，传送带固定在滑轮上，滑轮可以自由旋转。请问，如果手柄按照图示方向转动，那么 A、B 重物会有什么变化？

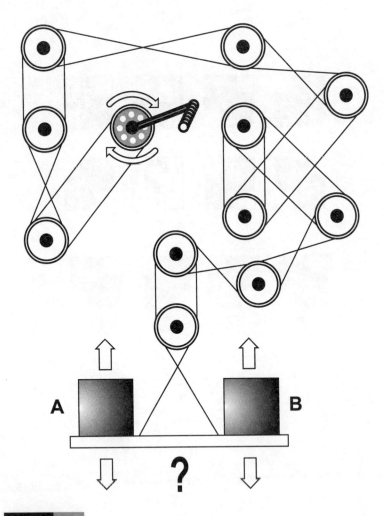

A B

?

答案编号 **69**

93.

这个序列中下一个图形是哪一个?

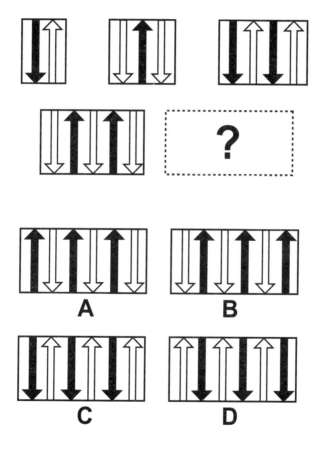

94.

这个序列中下一个图形是哪一个？

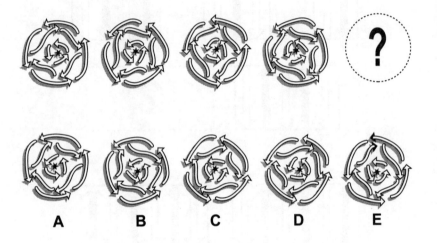

A   B   C   D   E

答案编号 27

95.

完成下列类比：

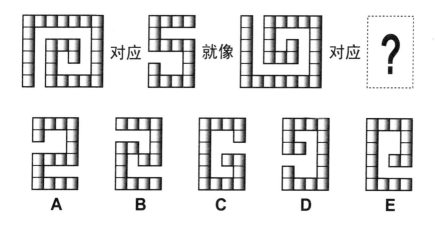

96.

下列图形中哪一个与众不同?

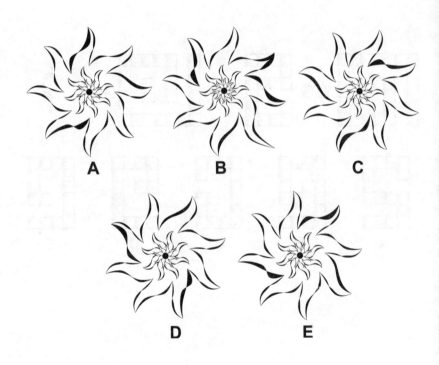

97.

请在 B 图中找出与 A 图的 14 处不同点。

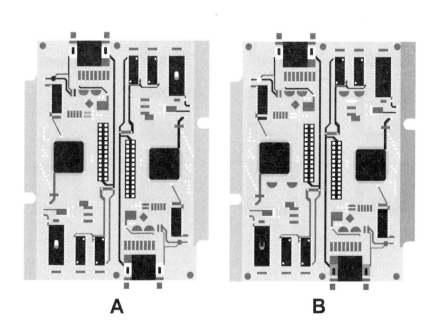

A　　　　　　**B**

答案编号 38

98.

按照这个序列，问号处应该是哪一个选项？

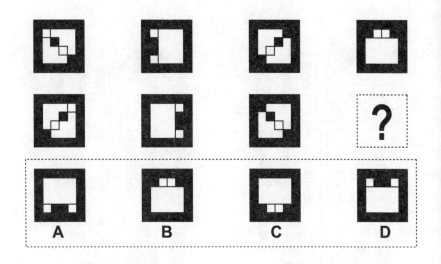

99.

请找出从迷阵左边到右边唯一的一条路径。

答案编号 81

100.

A、B、C、D、E、F 6个断面中，哪一项能放在中间的断面上，合并成一个完整的长方体？

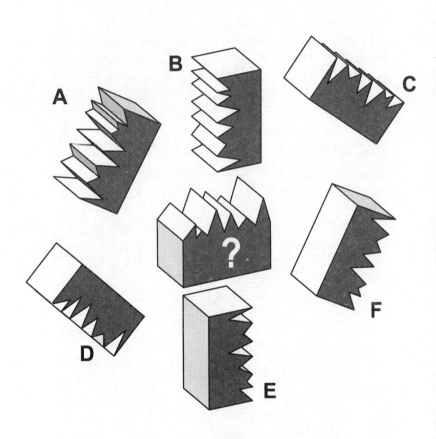

101.

下列图形中哪一个与众不同?

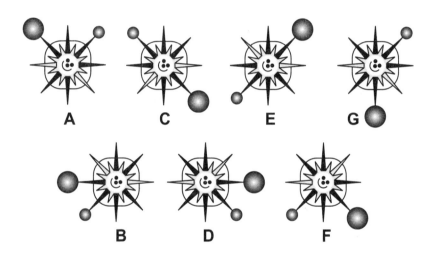

A C E G

B D F

102.

问号处应该分别填入哪个图形?

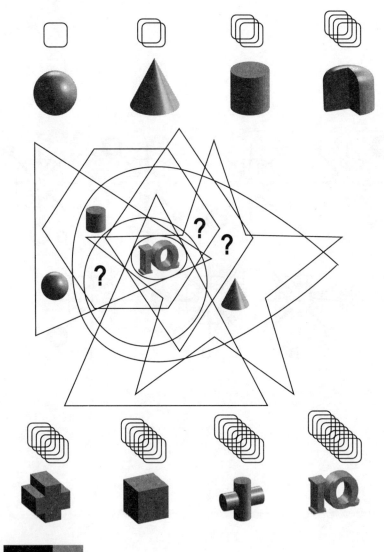

103.

A、B、C、D 4个选项中，哪一个是中间的盒子展开后的平面图？

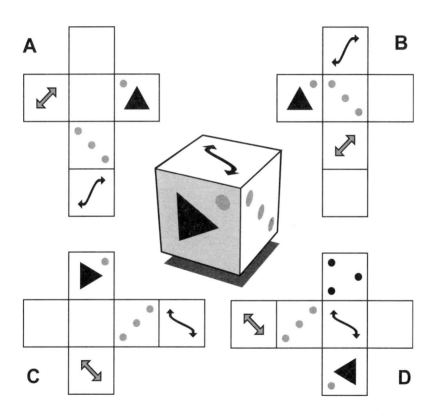

A

B

C

D

104.

请完成下列类比:

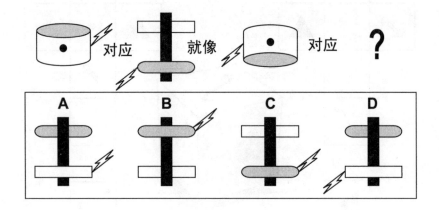

105.

下列图形中哪一个与众不同?

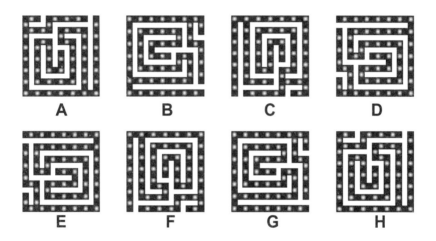

A　　　　B　　　　C　　　　D

E　　　　F　　　　G　　　　H

答案编号 **136**

106.

下面是由滑轮和杠杆组成的操作系统。黑色圆点为固定支点，十字叉为可以活动的节点。 请问，如果顶部的滑轮按图示方向转动，A、B重物会上升还是下降？

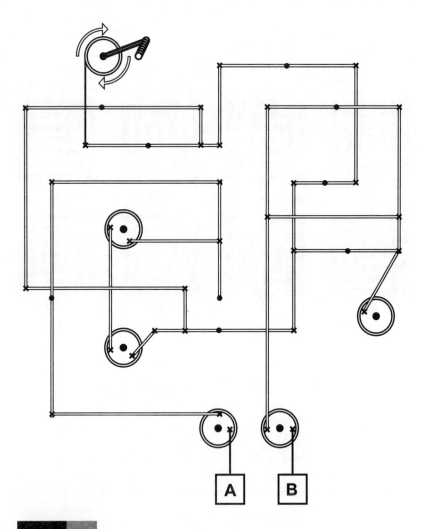

107.

下列图形中哪一个与方框中的图形相同?

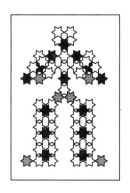

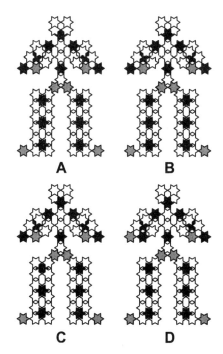

A

B

C

D

答案编号 92

108.

下列图形中哪一个与众不同?

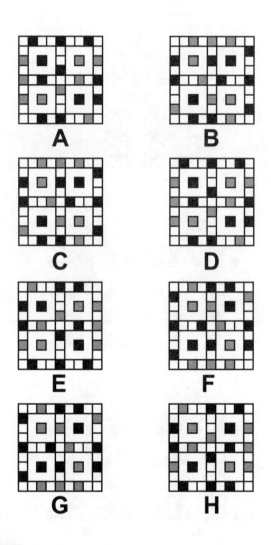

答案编号 70

109.

用5条直线将该拼图分为6个部分。分割后每个部分都有1只黑猩猩、1只树袋熊、3条蛇和5颗五角星。直线的两端可以不必连于图片的边缘线上。

110.

下列图形中哪一个与众不同？

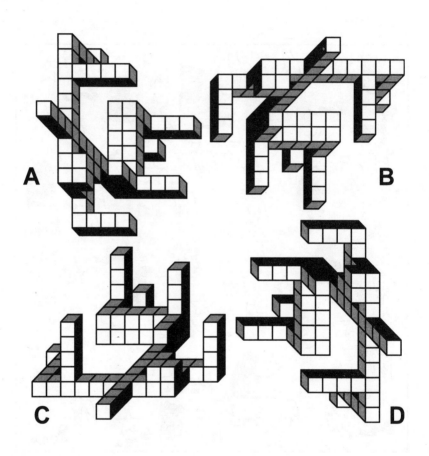

111.

方框中的问号处应该填入哪一个图形？

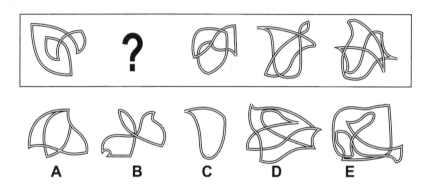

A B C D E

112.　请完成下列类比：

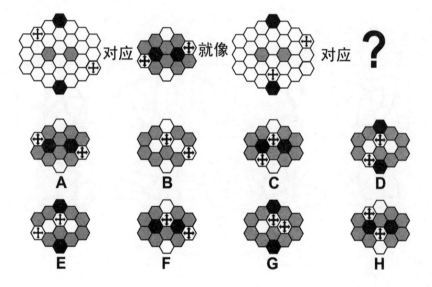

113.

下图中黑色积木的重量是白色积木的 3 倍。请问，为了使天平恢复平衡，应该在什么位置放上一块黑色积木？

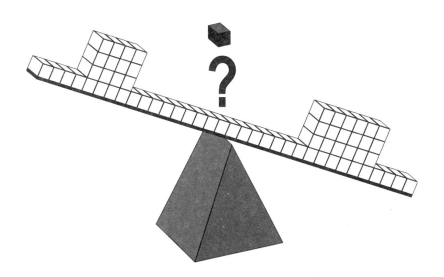

答案编号 39

114.

下列图形中哪一个与众不同?

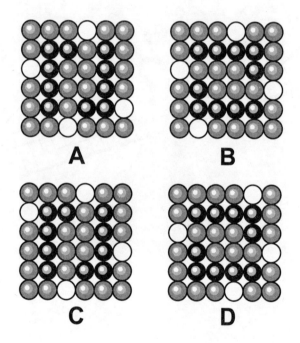

115.

请在下图中找出隐藏在车辆后面的 10 幅马拉马车的图案。

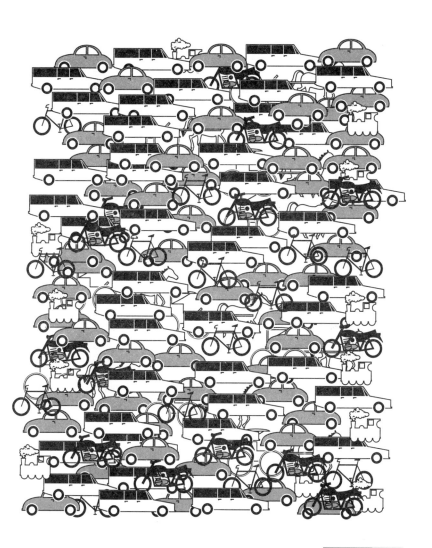

答案编号 **82**

116.

下列图形中哪一个与众不同?

A

B

C

D

答案编号 **104**

117.

这个序列中下一个图形是哪一个？

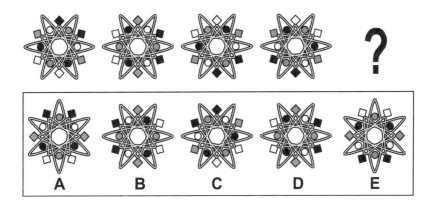

118.

下面角锥体展开后的平面图是哪一个?

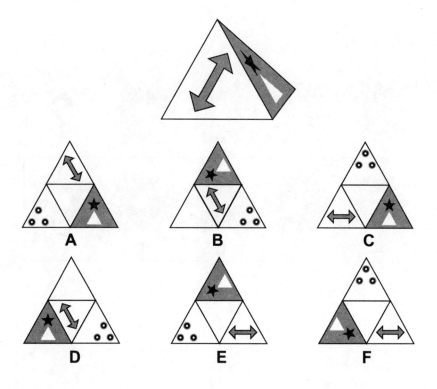

119.

该装置由齿轮、杠杆和滑轮组成。黑色圆是固定支点，十字叉为可以活动的节点，A、B重物现处于平衡状态。请问，如果装置底部的滑轮按图中所示方向转动，A、B重物哪一个会上升？

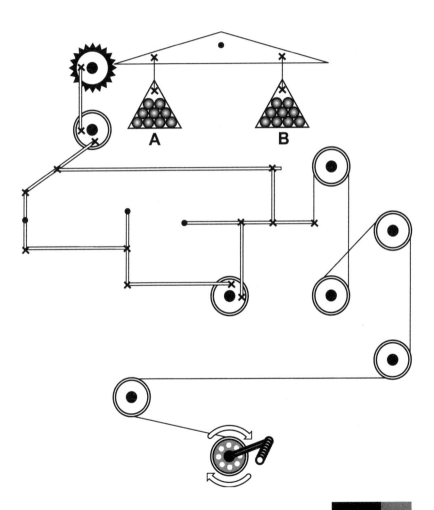

120.

A、B、C、D、E、F 6 个断面中，哪一个能与中间的断面吻合，并能合并成一个完整的长方体？

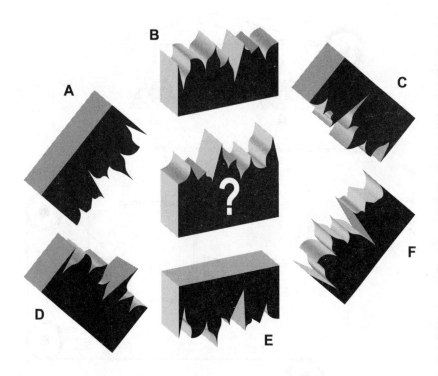

121.

这个序列中下一个图形是哪一个选项?

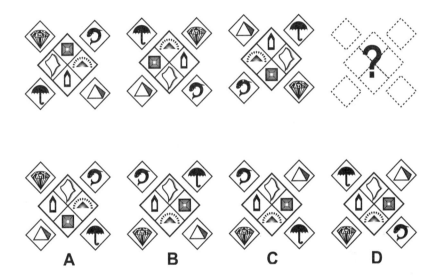

122.

这个序列中缺少的图形是下列图形中哪一个?

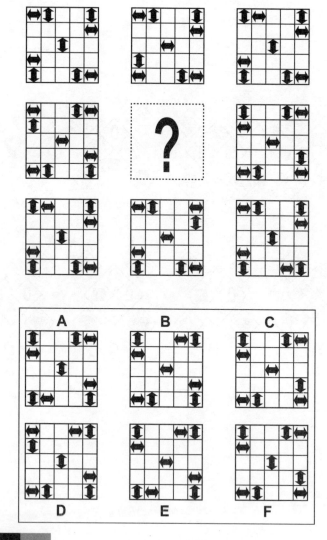

123.

下列图形中哪一个与众不同?

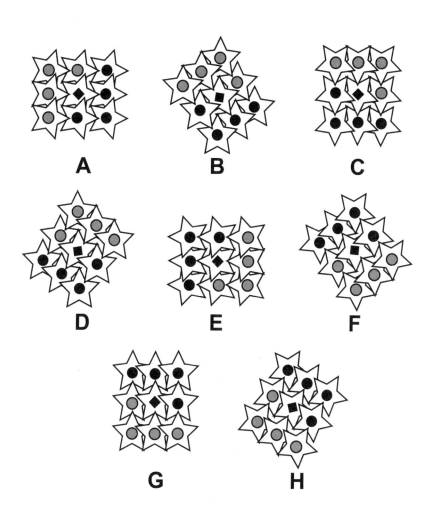

124.

下列哪两个图形完全相同?

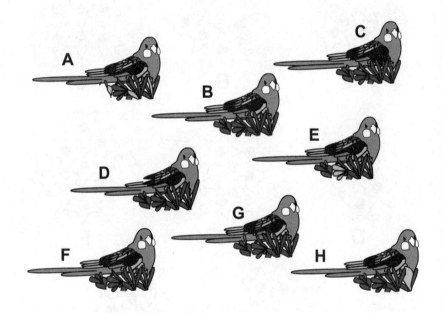

125.

请在 B 图中找出与 A 图的 12 处不同点。

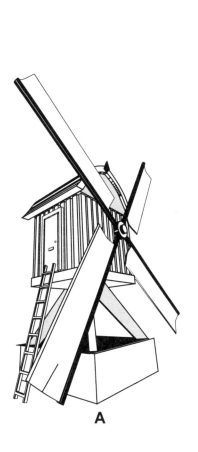

A

B

126.

下图中缺少的是哪一个图形?

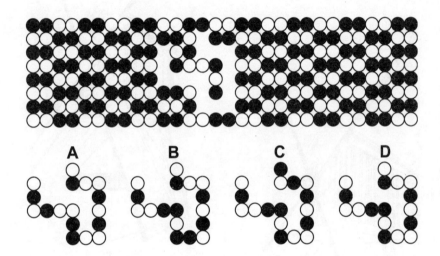

127.

现在要求你根据下列三角形符号的提示绘制出找到钻石的路线图。规则是按照三角形的顶点所指的方向走，例如，"起点"右边的三角形指向右边，而该三角形所对应的上方数字是6，这时你则向右移动6个方格。你可以前、后、左、右移动，但是不能斜向呈对角线方向移动；你所走的路线可以交叉，但是不能重复。

128.

这个序列中接下来的 3 个图形是什么？请用 3 条直线
将问号与他们分别连接起来。

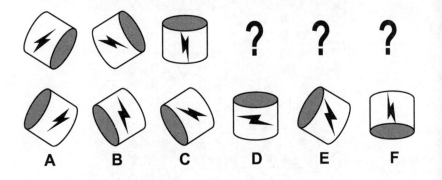

129.

下列图形中哪一个与众不同?

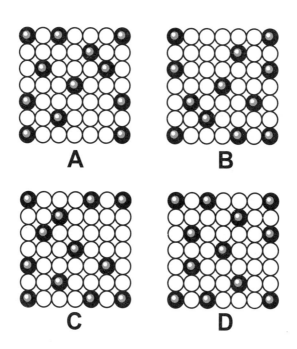

答案编号 40

130.

请完成下列类比。

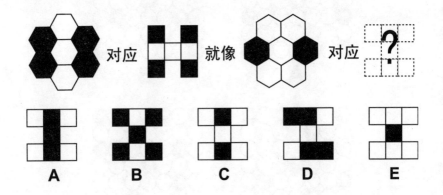

131.

这个序列中下一个图形是哪一个？

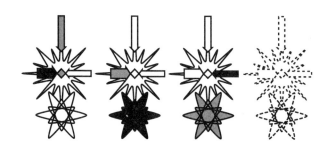

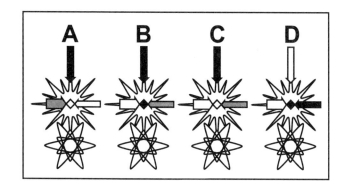

132.

这个序列中间缺少的是下列哪一个图形?

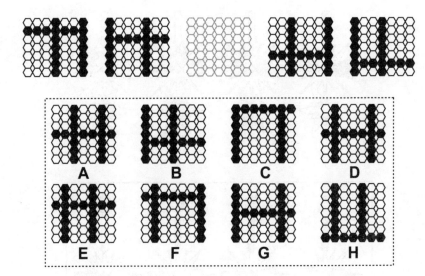

133.

这群眼镜蛇共有多少条?

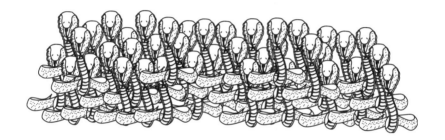

答案编号 127

134.

下列图案分别代表不同的数值。请用 3 条直线将拼图分为 4 个部分，分割后每个部分图案的合计数值是 40。直线的两端可以不必连于图片的边缘线上。

135.

下列图形中哪一个与众不同?

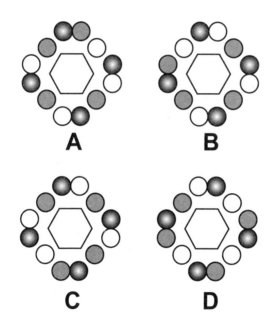

A
B
C
D

答案编号 170

136.

下列图形中哪一个与众不同？

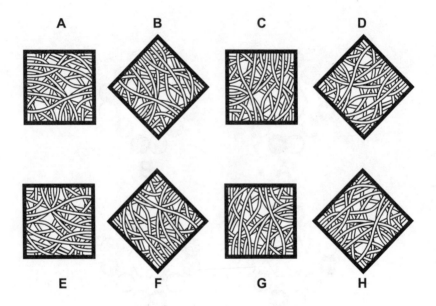

137.

下列图形中哪两个与众不同？

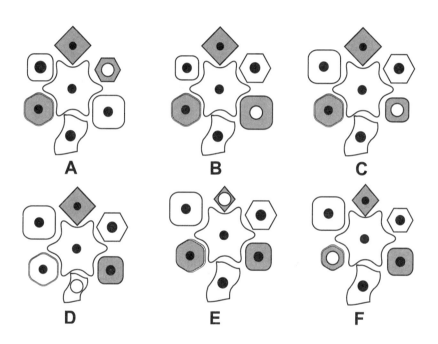

138.
该装置由齿轮、杠杆和滑轮组成。黑色圆点为固定支点，十字叉是可以活动的节点，A、B重物现处于平衡状态。如果按图中所示方向推动装置上部的杠杆，请问，A、B重物哪一个会上升，哪一个会下降？

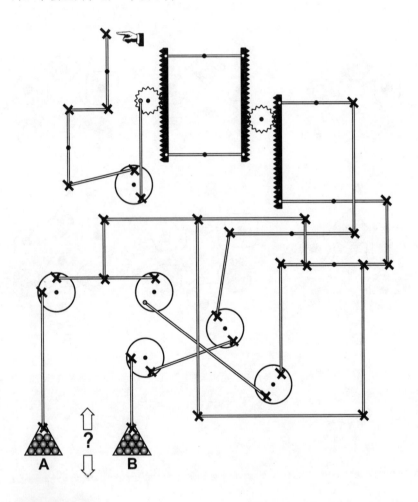

139.

图中每一种动物代表一个数值，豹子、跳蚤、狗和兔子分别代表不同的数值。请问，下列 A、B、C、D、E、F 6 个选项中哪一个是问号上方一列数值的总和？ 4 种动物所代表的最小数值可能是多少？

140.

下列哪一个图形与众不同？

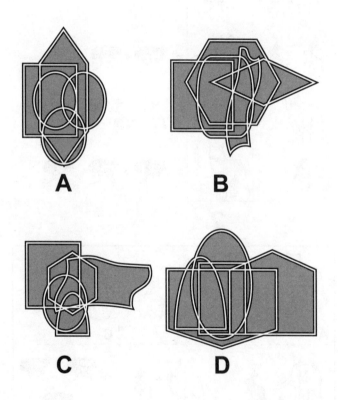

A

B

C

D

141.

请在 B 图中找出与 A 图的 8 处不同点。

答案编号 51

142.

请完成下列类比。

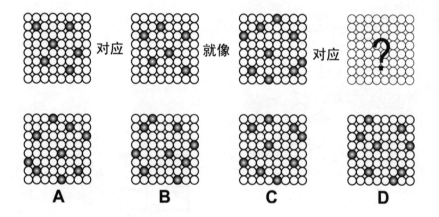

143.

这个序列中下一个图形是哪一个?

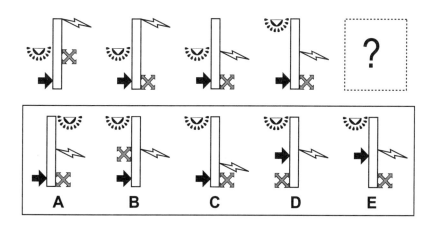

144.

请从下图中找出从外围到中间钻石的唯一的一条路径。

答案编号 20

145.

下列两排图形中每一排都有一个与众不同。找出这两个图形。

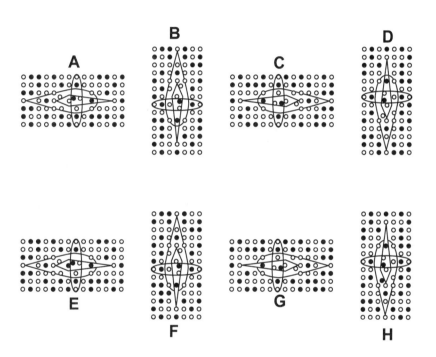

答案编号 41

146.

下列哪一组图形与众不同?

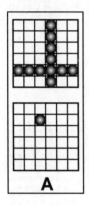
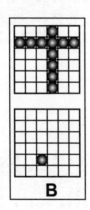
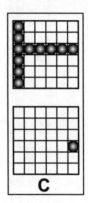
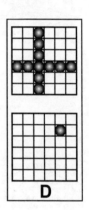

A　　　**B**　　　**C**　　　**D**

147.

这个图形序列中缺少的是哪一个？

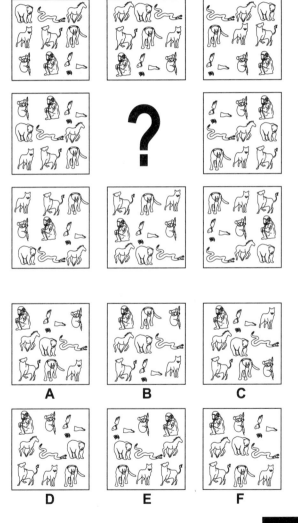

A B C

D E F

答案编号 84

148.

下列哪一个图形与众不同？

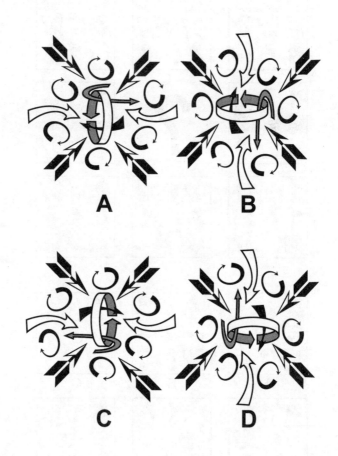

149.

中间的立方体展开后是哪一个图形？

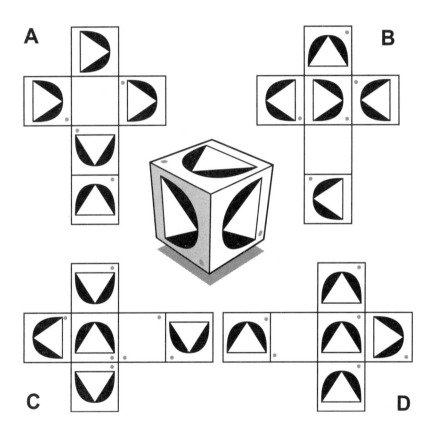

150.

请完成这个类比。

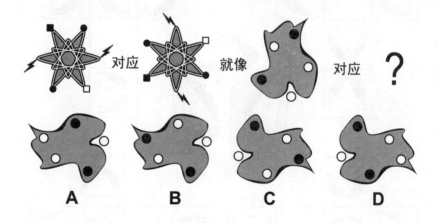

151.

A、B、C、D、E、F 6个选项中，哪一个能与中间的断层吻合，并能合并成一个完整的长方体？

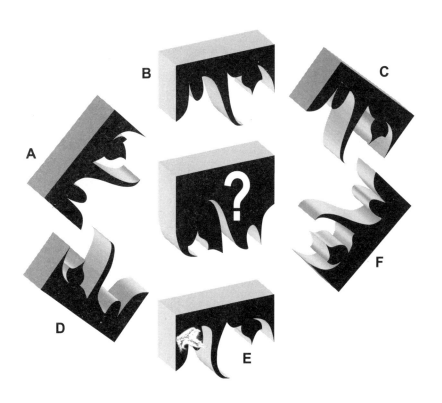

答案编号 91

152.

下列哪一个图形与众不同?

153.

下列哪一个图形与众不同?

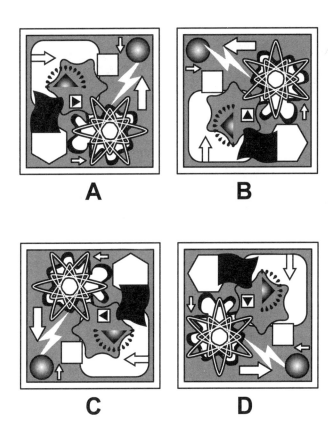

答案编号 174

154.

下列喷气式战斗机序列中缺少了哪一个?

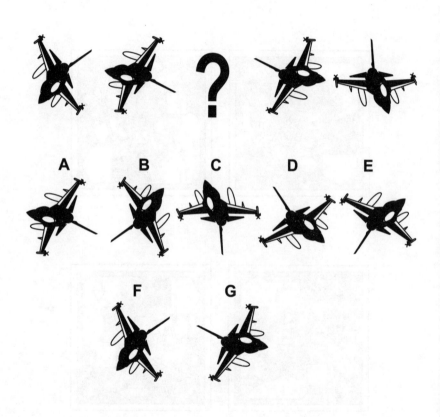

155.

下列哪一个图形与众不同？

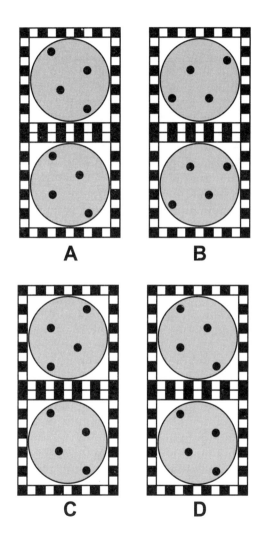

156.

哪一个图形可以填入问号处，使得等式成立？

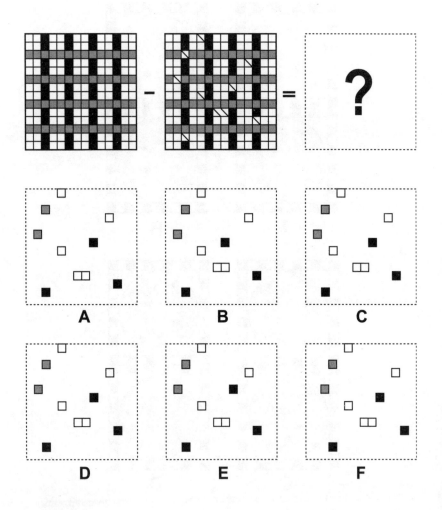

157.

下列哪一个图形与众不同?

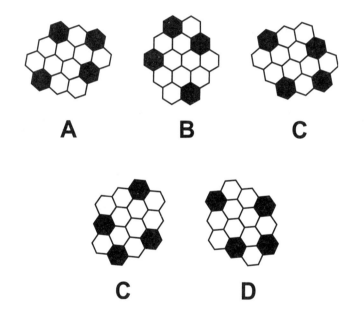

A　　　**B**　　　**C**

C　　　**D**

答案编号 **95**

158.

用 4 条直线将该拼图分为 5 个部分。分割后每个部分都有 1 个潜水员和 3 条鱼；而水泡和贝壳在各个部分的个数分别是 4、5、6、7、8。直线的两端可以不必连于图片的边缘线上。

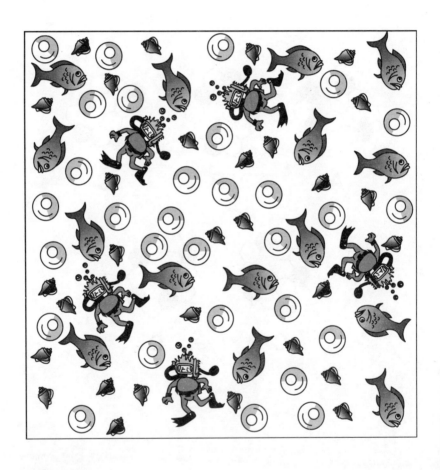

159.

下列哪一个图形与众不同?

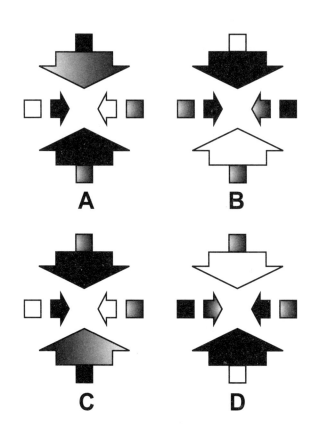

160.

下列哪两个图形与众不同？

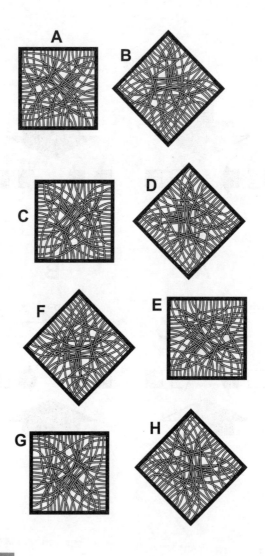

161.

下图中间空白处应填入哪一个选项，才能使图案完整?

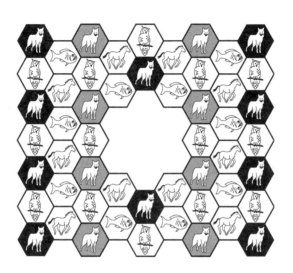

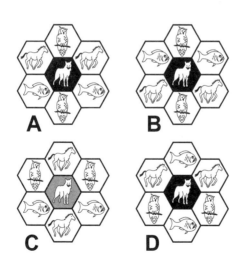

答案编号 10

162.

下列图形中的斜面是固定在平板上的。如果松开顶部的小球，小球最终会停在哪个点上？

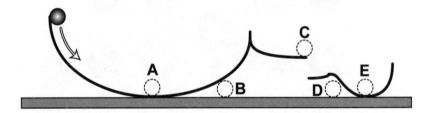

163.

该装置处于平衡状态。B 点的重物安放在一块平板上，平板由两个滑轮支撑。黑色圆点是固定支点，十字叉为可以活动的节点。如果按照图中所示方向推动杠杆，A 点的重物会上升还是下降？与此同时，B 点的重物会向左移动还是向右移动？

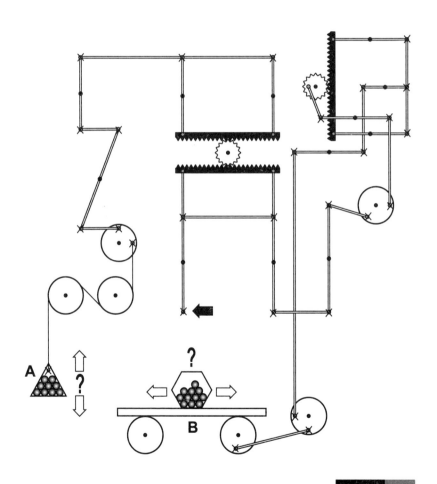

164.

请完成下列类比：

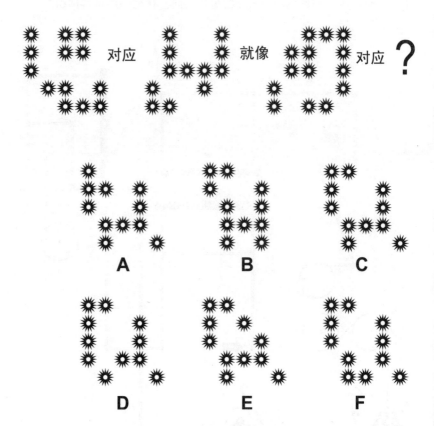

165.

这个序列中下一个图形是哪一个?

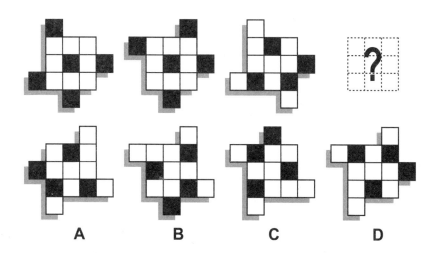

A   **B**   **C**   **D**

答案编号 85

166.

下列哪一个图形与众不同?

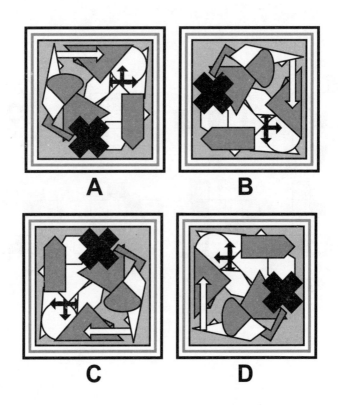

A

B

C

D

167.

下列每种图案都代表一个数值。问号处应该是什么图案？提示：图片右侧数字为图形相加时所得的数字。

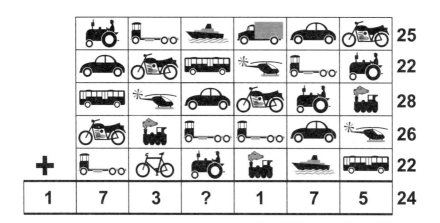

168.

请在 B 图中找出与 A 图的 13 处不同点。

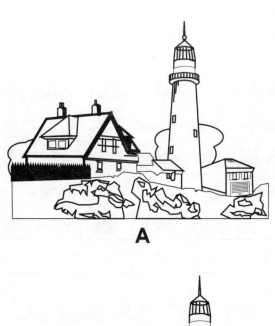

A

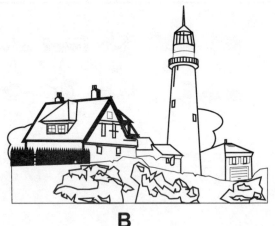

B

169.

下列哪一个图形与众不同?

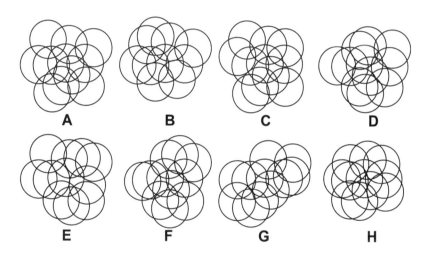

答案编号 161

170.

下图问号处应填入哪一个图形，才能延续这个序列？

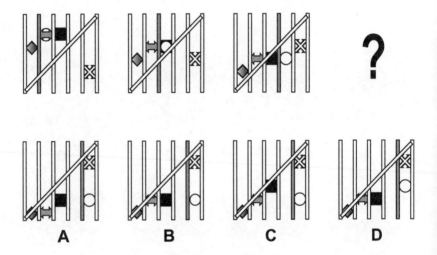

171.

请完成下列类比：

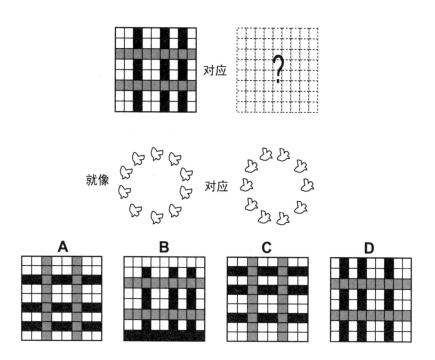

就像　　对应

A　　**B**　　**C**　　**D**

172.

在一个风平浪静的日子，炸弹从正在飞行的轰炸机上投掷下来。请问，下列哪一个是炸弹下落的轨迹？

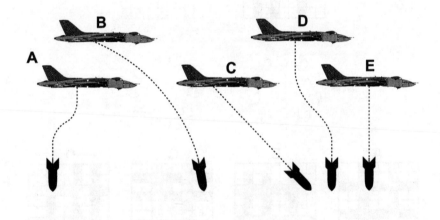

173.

下列哪一个图形与众不同？

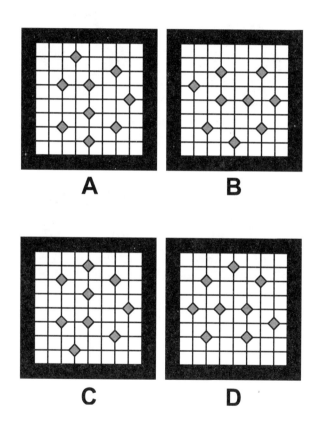

A

B

C

D

174.

下列哪一个图形与众不同?

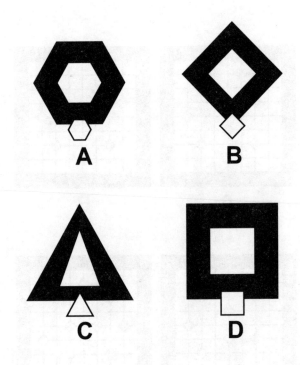

1.

2. B。黑色小方块位置变动了。

3. A和F相同，B和C相同，D和E相同。

4. A和D。

5. A。从前面的序列可以推断，每次只有一个小球移动，一个小球先
   发生位移，然后另一个小球再移动。

6. A。变化顺序是上下颠倒。

7. A。序列建立的依据是图形中封闭空间的数量。

8.
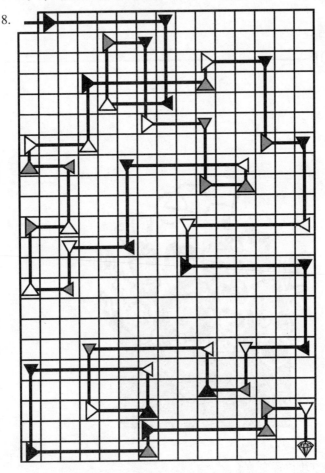

9. E。所有图形顺时针绕中间支柱旋转。箭头现在必须向上移动，再接下来叉号转到原来箭头的位置。

10. A。

11.

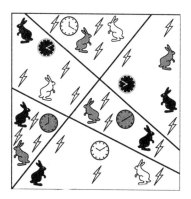

12.

13. 第2列的第3只蝴蝶和第3列
的第5只蝴蝶相同。

14. A。选项A中的球体是镜像。而其他选项均按照顺时针方向旋转90°。

15. A。其他选项均有两对两个图形相互接触。

16. C。5种食品按照同样的顺序出现，依次是：苹果、葡萄柚、蒜头、鸡肉和葡萄。

17. B。有3处不同点。

18. F。较大的图形被浓缩了。整个图案水平翻转，圆圈变化顺序为：从黑到白，白到黑，阴影到黑(有十字出现的地方除外)。

19. 闪电按照顺时针方向旋转，鼓按照逆时针方向旋转，两者旋转角度相同。

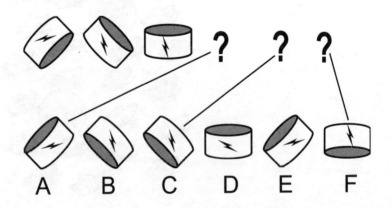

20. 如图所示，黑色的路线为唯一通道。

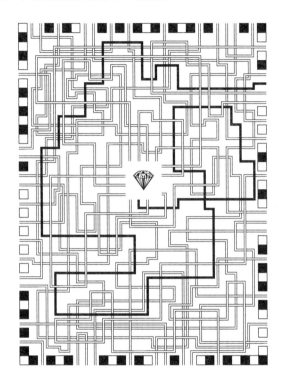

21. A。第一个斜面的尽头是垂直的，小球将作垂直运动。因此，小球
    必然回落，最终停留在最低点。

22. B。图形B是按照其他图形旋转方式旋转后的镜像的倒置。

23.

24. C。每行中同样的7个图形不断重复出现，变化顺序与色调深浅无关。

25. C。图形向其右面顺时针旋转。

26. B。图案每一个步骤旋转两条太阳光线。

27. C。图案每一步逆时针旋转36°。

28. B。缺少一块。

29. D。

30. B。

31. D和G。如下图所示，黑线为两个图形中所缺失的。

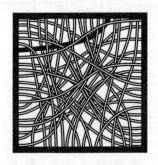

32. 共有212块。每组积木有53块。

33. A。底部的齿轮和五角星改变了位置。

34. D和E。

35. 共有8个十字交叉。

36.

37. B。其他选项都有同样的内部和外部形状。

38.

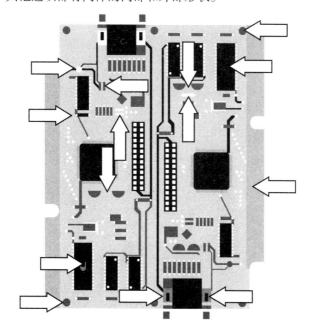

39.

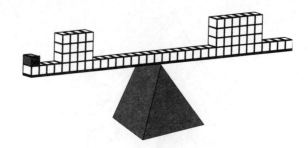

40. D。第3行中黑点位置改变了。

41. C和H。它们两个都多一个白点，少一个黑点。

42. A将下降，B将向左移动。

43. A和B，C和D。

44. C和E。它们是镜像。其他形状相同，只是旋转不同。

45. D。物体从每行的左面开始一步步向右滚动。

46. F。其他选项都与给出的图案有1个或2个不同之处。

47. D。其他图形都是同一个图形上半部分旋转，下半部分为镜像；但是，图形D的镜像是在上半部分。

48. C。当黑色箭头指向下的时候，序列以一个黑色箭头开始。

49.

50.

51.

52. C。它不是其他选项阴影的旋转。

53. A和F。

54. C。它是按照其他图形旋转方式旋转后的镜像。

55. 31只袋鼠。

56. 缺失的图案是G，即未承载货物的卡车（代表数字为0）。

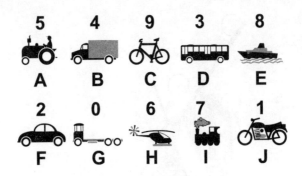

数值的计算如下所示：

```
        4  9  5  3  1
     ×  2  8  6  7  0
     ─────────────────
     3  4  6  7  1  7  0
  2  9  7  1  8  6
3  9  6  2  4  8
9  9  0  6  2
─────────────────────
1  4  2  0  0  5  3  7  7  0
```

57. B。白色圆点每次顺时针旋转一圈的五分之一(72°)。

58. C。图案是这样形成的：不断重复上一排中的图形，每排退回两个图形。

59. B。下行中的每个物体是上行中形状的右边镜像。就最后一个物体而言，其镜像与物体本身形状相同。

60. D。底部的白点与其现在左边有阴影的点交换了位置。

61. C。

62. D。在其他组图形中，单独的黑点是两条黑线交叉点的映像。或者说，在其他组图形中，如果单独的黑点添加到另一个形状上，它将把水平和垂直的黑点组成的线连接。

63. C。类比的每两半放在一起的时候将组成一个完整的5×5的正方形。

64. B。Billy的那片地周长最长。

65. 有8处不同，如下图所示。

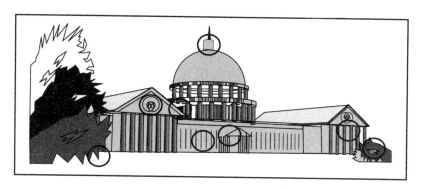

66. D。三角形位置改变了。

67. D。内部形状逆时针旋转；外部形状顺时针旋转。

68. D。

69. A上升，B下降。

70. H。内部正方形的阴影被交换了。右侧一列由左侧一列旋转得到。

71. B和F。

72. D。不是所有的形状都相交。

73.

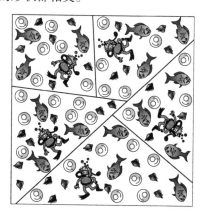

74. A。它是其他图形旋转后的镜像。

75. B。B是其他图形的镜像。

76. 157。

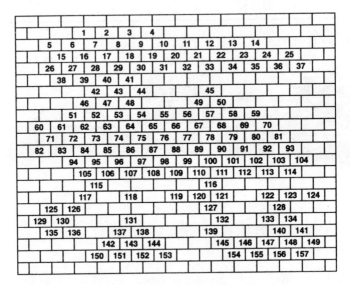

77. D。图形向其右边转，而且阴影颠倒。

78. C。圆黑点和长方形位置改变了。

79. D。与其他图形相比，图形D中有一个球被置换了位置，而其他图
    形都是同一个图形旋转所得。

80. B。这是其他图形的一个镜像，而其他图形都是同一形状旋转
    所得。

81. 沿着如下所示的黑色路径。

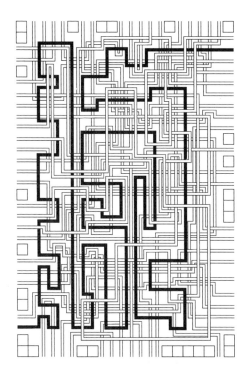

82.

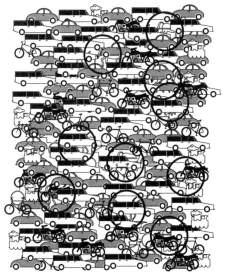

83. B。这个序列的箭头逆时针旋转，中间菱形的阴影与上部箭头的阴影相同。

84. A。如果这三行向下计数，则序列是123，312，231。

85. B。第二个图形是第一个图形旋转的镜像，因此缺失的图形应该是第三个图形旋转的镜像。

86. B和C。

87. A。菱形围绕中心点旋转。

88. B。它是其他图形旋转后的镜像。

89. C。与其他图形比较，这个图形中的积木被置换了。

90. B。在这个序列中，后面的图形始终在前面图案的末端加两个双弯曲线。

91. C。

92. B。

93. D。图形每次旋转45°；但是，在图形D中，最上端的黑点与相对的灰点交换了位置。

94. A。动物所代表的数值分别为：

美洲豹 = 2，跳蚤 = 3，狗 = 5，兔子 = 4。

总和为13，即图形A。

95. C。它是其他图形旋转的镜像。

96. B。炸弹将会沿着一个平滑的抛物线下落。

97. A。图案沿垂直和水平方向滚动，每次4步。

98. D。其他图形都逆时针旋转。

99. D和E。这两个是其他3个旋转后的镜像。

100. E。图形每次顺时针旋转72°。

101.

102. C。

103. C。

104. C。这棵树内部多一个形状。

105. D。黑色垂直的条纹每次每条向右移动一列，到达图形末端的时候翻转。黑色水平条纹每次向下移动一行。

106. B。

107. D。箭头来到了其下面物体的前面。

108. 下降。

109. D。

110. 它们将分离。

111. 13。鸽子 = 2，足球 = 3，地球 = 5，弹簧 = 4。

112. C。

113. H。直升机（代表数字2）。

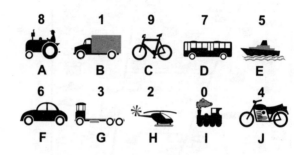

数值与运算如下所示：

$$\div 7 \overline{\smash{\big)}\ 6\ 2\ 5\ 9\ 1\ 2}$$
$$\qquad\qquad 8\ 9\ 4\ 1\ 6$$
$$\div 7 \overline{\smash{\big)}\ 8\ 3\ 4\ 4\ 0}$$
$$\qquad\qquad 1\ 1\ 9\ 2\ 0$$

$$
\begin{array}{r} 3\ 6 \\ -\ 3 \\ \hline 3\ 3 \end{array}
\qquad
\begin{array}{r} 2\ 0 \\ -\ 8 \\ \hline 1\ 2 \end{array}
\qquad
\begin{array}{r} 1\ 2 \\ -\ 2 \\ \hline 1\ 0 \end{array}
$$

114. A和B都将上升。

115. A。

116. A将上升，B将下降。

117. D。

118. C。图形向其左面旋转。

119. D。与其他图形相比，D的五角星所在的边不对。

120. C。

121. D。

122. F。这个类比是：两组物体各旋转180°，但位置保持不变。

123. E。数值为：

熊 = 5，马 = 1，鱼 = 4，鸟 = 3。

总数为：

$$5 + 1 + 1\,[7] = 4 + 3\,[7];$$
$$3 + 3\,[6] = 5 + 1\,[6];$$
$$(4 - 1)[3] + 1\,[4] = 3 + 1\,[4]。$$

这一列数值的总和为：4 + 5 + 3 [12 或者，鱼+鱼+鱼]

124. A。

125. F。在其他选项中，小球与两个阴影长钉成斜对角。

126. B。图形每步顺时针旋转60°。

127. 39条眼镜蛇。

128. B。图形逆时针旋转。

129. C。缺失自行车(代表数字为0)。

数值与运算如下所示：

$$
\begin{array}{cccccc|c}
  & 1 & 2 & 6 & 9 & 3 & 4 & 25 \\
  & 3 & 4 & 5 & 7 & 2 & 1 & 22 \\
  & 5 & 7 & 3 & 4 & 1 & 8 & 28 \\
  & 4 & 8 & 2 & 2 & 3 & 7 & 26 \\
+ & 2 & 0 & 1 & 8 & 6 & 5 & 22 \\
\hline
1 & 7 & 3 & 0 & 1 & 7 & 5 & 24
\end{array}
$$

130. 14个。

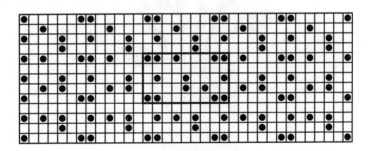

131. E。

132. B。

133. A。它是其他图形旋转后的镜像。

134. C。在其他图案中，中间的图形都是左上角和右下角图形的放大。

135.

136. C。在图形C中，内部结构改变了。

137. C。内部形状逆时针旋转；外部形状顺时针旋转。

138. H。黑色星柱成对依次向右移动一列；到达右边缘的时候，返回左边缘进入下一组。

139. C。其他都是同样的圆圈在旋转，而C是镜像。

140. B。

141. C。这只企鹅的嘴与其他三只不同。

142. H。

143. C。独立的黑点始终与其他3个黑点相隔一个单元。如果是在角落，它与其他3个点的最内部的一个点在同一条水平或垂直的直线上。

144. A。

145. 如果你沿着如下的路线行进，可以逮到17条响尾蛇。

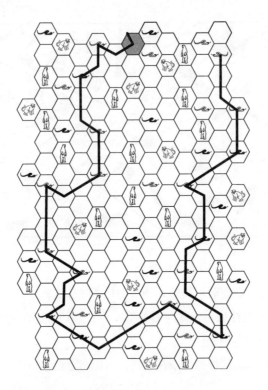

146. B。图案每次向左移动1步。

147. 图形与包围它的形状的数量有关。例如，圆锥体(右底部)被2个形状包围，圆柱体被3个形状包围。

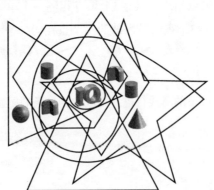

148. D。

149.

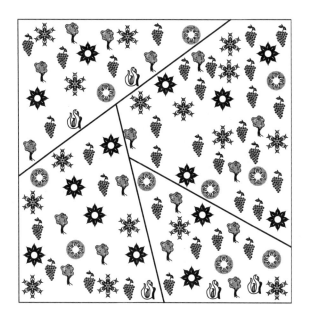

150.

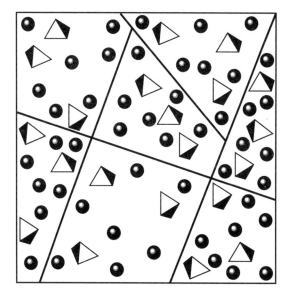

151.

152. B。菱形上的球位置改变了。

153. E。在这一组中，右上角黑色花中间的白色比其他图案中的大。

154. (a)。它们会同时到达地面(虽然它们之间的距离将很远)。炮弹被发射后将遭受重力影响。虽然它将向前运动，但它将与砖块以同样的速度下降到地面。

155. 上升。

156. B。两个太阳符号的位置颠倒了。

157. B。

158. B。

159. G。如下图所示，黑色的线条缺失。

160. E。喷气式战斗机每个步骤向左转五分之一圈。

161. B。这里只有10个圆圈，而其他选项有11个。

162. E。火由灭火器熄灭，对应于，灰尘由吸尘器驱除。

163. C。底部的闪电符号和指示箭头位置改变了。

164. 上升。

165. A和J。与其他选项比较，这两个绳套变形了。

166. F。这个图形中的人没有眉毛。

167. A、B都下降。

168. C。

169. A上升，B下降。

170. D。其他选项都是同一个图案旋转90°。

171. C。其他选项中钟表针之间的夹角相同，C中分针和时针颠倒了。

172. 下面的这条线。

173. D。

174. B。

175. C。

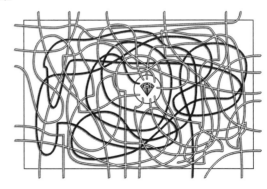

谜题便笺

你可以利用这些附加的便笺页作演算用。

谜题便笺

谜题便笺

谜题便笺

谜题便笺